每日美日

自序

從第一本書到現在，經過了七年的時間，我時常在想，到底要用什麼樣的呈現方式，而《每日美日》這本書，是透過工作與日常生活上的碰撞，呈現我在花藝路上最真實的看見——不談高深的技巧，不強調個人的花藝風格，而是真心將我對大自然的感受及領悟分享給大家。

一直以來，我不想因為花藝的工作而讓自己的世界變小，也不想在精進美學的路上，讓主觀意識越來越強，我只想謙卑的分享，因處在大自然的環境裡，更讓我體悟「美」不是一種個人的主觀表達，而是在同一個花草世界裡，每一個人都可以透過自己的心靈、視覺等各種感官，有著彼此各異卻殊途同歸的表述方式。

謝謝所有參與這本書籍的花藝工作者，花藝設計對我而言從不是一個人的創作，而是所有人共同一起建立一個微型自然的過程；謝謝參與過的視覺攝影師，如果沒有你們的觀點和畫面，這本書無法實現；謝謝無數次以文字共同論述這本書的同事和工作者，讓抽象及短暫的視覺得以用精準的概念被記錄下來；謝謝參與對談的三位不同領域的生活美學家，正因為我們工作上的差異，才能激盪出有趣的火花，共同把美的寬度放得更大。謝謝你們。

再次謝謝一直以來支持我的家人、朋友，以及所有 CNFlower 西恩團隊的每一個人，這本書獻給大家。

contents

美學相對論

雜貨店之子

從小學三年級開始，我就知道自己跟「好成績」絕緣了，身為一個不笨也不特別聰明的孩子，唯一的優點只有手巧，很喜歡動手做，對新鮮事物也很好奇。從小我們家是開雜貨店的，父親從軍隊退下來後做點小生意維持家計，家裡窮，讓我的童年也有點自卑，按理說，以我們的家庭環境，實在稱不上有什麼培養美學的土壤。

就這樣，到了中學即將畢業的時候，我對未來還是一點想法也沒有，對念書、運動都沒太大興趣，在那個實事求是的年代裡，「喜歡美麗的事物」也沒辦法當成一項足以為生的專長或目標（至少，沒辦法說服我父親）。

「你至少得有個大專學歷或一技之長才行。」爸爸認真看著我這樣說。

我想許多年輕人跟我一樣，找不到自己對什麼事情有興趣，特別是當年選擇不多，國中畢業後特別容易無所適從。依著父親所建議的條件，必須要有「大專學歷」及「一技之長」，幸而我考上中國海專的輪船機械科，總算有了交代。

但是，我對輪船機械一點興趣也沒有，讀五專後依然與好成績絕緣，情況並沒有改變，整整五年在海專的求學過程中，只有專一時的美術可以拿高分，其他的成績皆一敗塗地。

父親很擔心我。有次他強拉著我去參加某位同僚長輩的告別式，這位長輩多才多藝，舉凡音樂、美術、文學、書法樣樣都行，獨缺謀生技能，一輩子除了當兵沒做過其他工作，退伍後失去固定收入，晚年窮困潦倒，最後因失足落水過世，連喪禮都辦得潦草。

告別式後，老爸對著我說：「你跟他很像，不管是個性或興趣，如果你沒辦法習得一技之長，我擔心你以後會跟他一樣晚景淒涼。」

由於無法在學業上取得成就感，便把全副精力都放在社團上，參加了西洋劍社、書畫社、吉他社等社團，我很融入社團活動中，尤其喜歡佈置社團辦公室，當時很流行學生舞會，有一次我索性把吉他社佈置成迪斯可舞廳，不僅大獲好評，還為社團增加了不少社員。

雖然有著看來花俏的學生生活，但大多數時候我是很茫然的，學校還沒畢業，我為了多賺點錢，便在台北東區擺攤賣襪子。當時的忠孝東路從頂好廣場到統領百貨，兩個街區滿滿都是地攤，入行門檻低且競爭激烈，雖然如此，每個月還可以賺到六、七萬元，這在當時可是一筆不小的數目，白天老師台上講得口沫橫飛，我卻在台下偷偷低頭數鈔票。

我的生意比其他攤商要好上許多，賺到錢

也得到成就感，不光是金錢本身，更多是賣襪子的工作發揮到原本看似無用的專長，我對選擇商品有自己的想法，總是可以從大批類似貨品中，挑出最受歡迎與正在流行的款式，也不怕跟陌生人聊天，面對客人，我像跟朋友打交道般的給予建議，擺攤讓我很開心。

雖然「地攤事業」很成功，錢賺得不少，不知為何，我從沒有認為這會是份長期的工作。雖然什麼都不能確定，但心裡一直相信，前方應該有更重要的事在等著，我隱隱知道，與美相關的工作，或許才是我的天命。

P16

夏海花園長年以自家種植的植物供應給巴黎五星酒店、各精品品牌，皆是不同於花市的非規格品自然花草。這些花材是「夏海花園」主人 Christophe 自己從田間種植採收下來，一捆捆放在主屋層架上乾燥，提供 CHANEL 使用。

法國，朗布耶（Rambouillet），夏海花園（La Chéraille）
「跟著花開去旅行」

送花人

退伍後，我對未來仍沒有頭緒。先是到一家快遞公司當送貨小弟，這是份體力工作，「辛苦」本身並不值得抱怨，我不是沒法吃苦，但在某個晚上八點的大雨街頭，穿梭在車陣中時，我問自己，我對這份工作有熱情嗎？這會是我一直想做的事嗎？

一陣子後，有位朋友問我，既然同樣做送貨工作，有家花店要找送貨小弟，去試試如何？這就是我進入花藝這行的第一份工作——送花小弟。

去二十四小時花店的第一天上班，一早開始就準備交送客人訂的一束香水百合花。滿滿的白紗罩著，還有幾顆人造珍珠裝飾，這是當時最熱賣的款式，我小心的從設計師手上接過來，放到摩托車上，送到位於吉林路的客戶手上。

收花人是一位酒店小姐，她穿著睡衣，一臉疲憊的素顏，打開門縫瞄了花束一眼，臉上擠出勉強的微笑，邊打哈欠邊簽下收據。

中午左右，又有一位客人親自來店裡訂了一束紅色玫瑰花加滿天星的花束，要送給他在南京東路證券公司上班的老婆。當我請女孩收花時，只見全辦公室的同事騷動，她又幸福又害羞的收下了。

觀察不同送花者和收花人，透過表情猜想他們之間的關係，我開始覺得送花挺有趣的。

就在一切順利準備下班時，老闆將一只插滿白色百合花、孔雀草、太陽花的花籃交到我手上，我如何固定在摩托車上，再將花籃鐵架綁在一旁，才將訂單遞給我。

收花人地址寫著：台大醫院殯儀館。我愣了一下，老闆說：「你到舊院區再問人殯儀館位置。」

我騎車送花去了，五點多到了醫院、問到位置，但是現場沒半個人，這是明天一早第一場告別式上的花籃，現場卻找不到管理員簽收。傍晚的殯儀館，別說不見人影，幽暗角落還不時散出難以形容的陰森感，我只好打電話回花店詢問，老闆見怪不怪的說：「你就把花送到客人指定的廳堂，放在一個顯眼的地方就行了，沒人會偷喪禮的花。」我火速照辦，盡快離開。

回程路上，想起第一天的工作內容，竟伴隨了人生諸多悲喜，我才恍然大悟，原來花藝這份工作的真正的目的是替人傳送情感，祝福、喜悅、悲傷與慰問，從出生到死亡，人們都會藉由花朵表達心意，好像我送的不只是花，還參與了情感的傳遞。這是多麼特別的一個行業！

就因如此，隔天我又興沖沖的去送花，送花人的工作，開啟了我的花藝人生，至今已二十年有餘，我仍然每天做得津津有味、樂此不疲。

二〇一九年三月春暖花開時節，我拿著雪柳，正準備進安縵養雲布置婚禮的花藝。在坐落於香樟樹林池畔與明清古宅之中的飯店，做出符合時令節氣，並呈現東西融合的原生美學。

上海，安縵養雲（Amanyangyun）

Photo Credit：蔡東昇 _ 意識影像

真實的質地，色彩，氣味，手寫的字跡，用美好的事物來表達祝福、感謝或是想念，在科技越發進步無國界無時差的網路時代，仍然有著無可代替的位置。

花材：波斯菊、玫瑰、覆盆子、香菜花
法國，朗布耶（Rambouillet），夏海花園（La Chéraille）

在法國教堂，佈置一場真實的婚禮，是我萬萬沒想到的機會。我用了當地採來的葡萄葉、葡萄藤和白綠色系花朵，獻給新人最美好的祝福。

花材：百合、玫瑰、繡球、菊花

法國，維維耶（Vivières），「跟著花開去旅行」

Photo Credit：小米

P24

池畔的輕舟，以春季的雪柳和櫻花浪漫妝點，猶如永不褪色的花朵月曆。在製作婚禮花藝時，我會將時間的因素考量進去，讓新人之後有個獨一無二的回憶。

上海，安縵養雲（Amanyangyun）
Photo Credit：蔡東昇 _ 意識影像

請用美説服我

在開啟花藝職涯前，我並沒有經過正規的美學訓練，入行後自行學藝，但沒多久卻越學越疑惑，當時主流花店做出來的作品實在無法吸引我，又或者說，這些花藝沒辦法讓我由衷的感受到美。

一開始我以為是自己能力不夠的問題，為了提升對美的鑑賞力，大量閱讀國外的室內設計、居家佈置雜誌，也試著複製書中的案例，我和室友曾經試著到山裡找大型的姑婆芋，移植進居住空間裡，來作客的朋友都讚不絕口，但當時我工作的花店絕對不會出現這樣的作品。

為了想搞清楚什麼是真正的花藝，我利用空閒時間四處拜師，坊間花藝課程的學費很貴，我無力負擔，後來得到很多同業的幫忙，讓我以助手身分免費跟在許多知名的花藝師身旁學習。雖說機會難得，但邊做邊學的過程中，總不免心裡犯嘀咕：為什麼某些植物只能跟特定的植物或素材組合在一起？一定要這樣做才叫「美」嗎？難道沒有其他的表現方式？

我也參加過花藝比賽，在某次的比賽中，我設計製作了兩件作品，其中一個照著老師們的原理原則，另一個則是依我自己的理念來做，結果，照老師們指導的作品得到全國第二名，而另一件作品則名落孫山。

為什麼呢？我有點不服氣的請教評審老師。

「因為你用錯了植物的組合。」評審老師一臉嚴肅的告訴我。

「所謂植物的組合到底是誰規定的?為什麼這種植物只能搭配那種植物?明明這樣的花藝組合比較好看啊!」我試著反駁。

老師只是搖搖頭,沒多說一句話。

老實說,我覺得得獎作品並不比落選作品好,問了其他在場的花藝師與路過民眾,大家也都覺得我自己天馬行空設計的作品比較好看而且有創意,他們的肯定讓我更疑惑了,到底花藝的美是由誰決定的?如果跟隨老師指導的方式設計花藝是唯一標準,為什麼當時其他國家花藝師的作品卻不是如此?

這業界,許多人追求美的法則,類似「A」加「B」加「C」,根據一定的比例逐一堆砌所成就的美感,我無意否定或質疑某些流派與規則存在的價值,但比起盲目的遵守既定的規範,我更相信「美」是在某個當下,依眼前的環境、手邊的素材,更重要的是心裡的感受,所做的一種最佳組合的選擇。

比起得獎,我更想做出可以說服自己,在當下能感動人心、獲得共鳴的作品。在創業夥伴的支持下,我決定要走自己的花藝之路,不再跟隨普世認可的框架創作,將作品的成敗優劣交給我與大眾去評斷。

美的成敗，我相信不是定律。
花藝的表現方法，也不應只有一種。

這是在杭州富春山居度假村設計的作品。我運用在地果園裡的青葡萄，並且將葡萄藤、葡萄枝子也用在作品當中，不局限只使用花朵，貼近自然就地取材。

杭州富陽，富春山居度假村（Fuchun Resort）

P34

運用當季的野生果實、火棘、甚至河裡撿來的石頭，真實簡單地佇立於空間中，帶著綠葉的紅色果實自然撒落一地，在酒店大門處打造恰到好處的東方聖誕，將節慶感巧妙融入低調質樸的風格。

杭州，安縵法雲（Amanfayun）

Photo Credit：張呈昊

P38

西恩的花藝學院每一期都會有一至二堂課，由我帶著學生走出教室，上一堂無牆的花藝課，在台北市近郊外雙溪的「少少原始感覺實驗室」，我們用了從周邊採集的台灣蕨類、芭蕉葉、姑婆芋、藤蔓，大家就著這桌山林綠宴，一同享用結合自然創作私廚料理。

台北，少少原始感覺實驗室

「讓大家看見台灣原來有這麼多美的植物面貌，只要你有一雙看見美麗的眼睛。」

我和台灣三星電子、格式設計展策合作，打造第一座以台灣植物生態、影像為呈現主題的野花店。由開發台灣的「野美學」為始點，從北到南，從低海拔到高海拔，友善採集超過七十%以上台灣物種的植物，於六百個三十三立方公分的方格層架中搭設構築，在空間中綻放豐沛的能量。

台北，信義區 SAMSUNG VISION LAB

作大一點的夢

決定創業後，要開一家怎樣的花店？這是我和合夥人面對的第一個問題。

當時台灣的花店業兩極化，一種是開設在街頭巷尾或市場邊上，專門販售節慶花束的小花店，諸如：玫瑰花搭配滿天星，情人節時的金莎巧克力花束，母親節時的康乃馨，另一種則是專攻高級花藝市場的大型花店。

以開業成本來說，大型花店所需的成本，大約是小花店的十倍，現實考量，「不如先開家小花店好了。」我掂了掂口袋的深度後這樣說。

夥伴搖搖頭，堅決的說：「不行，要開就要開大的花店！」

「為什麼一定開大型的花店呢？」外省第二代的我，家無恆產，沒有家裡的資助，對人生首次創業特別膽戰心驚。

「理由很簡單。」她看著我說：「如果開家小花店，你想想，街頭巷尾數以萬計的花店，都是我們的競爭對手，無疑陷入泥沼戰，因為入行成本低，一定不可能接到大型的花藝設計案；更何況，如果只想做小型花束，找家小花店上班就行了，根本不需要創業。」

「但如果開的是一家大型花店，在同一市場裡的競爭對手屈指可數，只要我們有足夠的設計與花藝技術，一定能在市場中脫穎而出，我對你的美感跟技術有信心，你的能力適合作大型的花藝設計，所以，我們一定要開一家大型花店。」

是呀，既然要作夢，為什麼不作大一點的夢呢？她的生意觀點完全說服了我，「但是我沒有這麼多錢」我坦白說。

她打電話去問銀行小額貸款，一面拿出計算機快速地按著鍵盤上的數字鍵，一邊問我：「你一個月有六千塊夠生活嗎？」

「應該可以。」我點點頭。基本上，我的生活開銷可以很低。

「這樣就成了，不夠的部分，我先借給你，賺了錢之後，你再還我就行了。」她爽快的下了決定。

那年，我二十四歲，背負一身貸款，與一點點對自己美感的自信，與夥伴創辦了CN Flower，我想用花來證明，什麼叫做美。

受 TEDxTaipei 邀請演講，在台上分享台灣之美究竟是什麼？將真實的台灣芭蕉帶到台上，即興演示花藝作品。我想表達的是，如果有一雙看得見美的眼睛，走進土地與自然，就能在別人覺得不足為奇的地方看到美。

台北，TEDxTaipei

Photo Credit：TED X Taipei

P46

西班牙第一屆弗洛拉國際花藝節（Festival Flora）有來自全球的八位花藝師，在科爾多瓦代表性的八個庭院中展示花藝作品。以當地橄欖樹、青剛櫟、九重葛、蝴蝶蘭等創作，我運用姿態瀟灑的枝木堆積水墨色彩，展現樹木與蝴蝶蘭的最美角度，讓西班牙看見東方的美。

西班牙，科爾多瓦，弗洛拉國際花藝節

Photo Credit：Ivy Chen

P48

這是秋天大漠之中採集胡楊林枯枝的花藝美學生活課。來敦煌的三天裡，帶著團隊在荒漠中尋找花材，無論境遇如何變遷，無論是繁茂還是荒蕪，每一次的「預料之外」都能讓我們重新審視生命，審視自己。

敦煌，ADCC 2018 在場遊學

Photo Credit：Autumn _ ADCC 提供

從極簡到繽紛

創業之初，相較於坊間許多過度裝飾的花店，一開始我就希望走極簡風格，第一家店開在東區的巷內，以大面積的留白作為最奢侈的裝潢，所幸這樣的堅持客戶買單，開業沒多久生意就逐漸步上軌道。

為了讓作品保持獨特性與可辨識度，我需要找到跟其他同業不同的花器與花藝裝飾，除了自行開發外，也得四處尋找各種不同風格的花器。有一次，跟一位從事國際貿易的朋友一起去德國法蘭克福參展，順便選購合用的花材與花器，出發的當時，我滿心以為自己將習得全新的花藝技術與概念，好讓極簡之美的創作更上層樓，殊不知卻得到了意料之外的答案。

當時國際的花藝設計流行，是採用香奈兒風格的白色，搭配綠色的花與植物作為設計主體，但參訪一位德國人開的花店，貿易商朋友曾經邀請這位花店主人到台灣，一起為某個展覽製作花藝，我在他的店裡看到與主流反其道而行的設計，以桃紅、橘色、紫色的花為主，用色大膽且與主流大異其趣，卻充滿趣味與自信。

我的感官被他的作品強烈的刺激了，也打開了我對色彩的另一番眼界。回國後，接到當時最新台北 101 夜店的花藝佈置案，在歐洲看到學到的東西剛好派上用場，我大膽的使用了桃紅的花材搭配夜店多彩的霓虹燈，塑造出夜晚豐富華麗的氣氛，作品因而大獲好評，為我們爭取到許多潮流夜店的客戶。

工作結束後，心裡湧起向這位德國花藝師學習的強烈慾望，當時生意剛上軌道，我幾乎把所有的時間與精力都投注在工作，理論上是抽不開身的，但當我越忙著日常事務，就越覺得應該多看多學點自己不懂的事。

我跟合夥人提到這難題，沒想到她二話不說，就只說：「去吧！」

誰規定鬱金香一定要立著插？人生也一樣。

這是陸蓮，毛茛科（Ranunculus asiaticus, the Persian buttercup），充滿歐洲風情的溫帶花朵，柔軟有毛。色彩豐富，有些品種可以到十公分以上，相同的花品種具有自己的色彩基因，從自然裡的色彩學習搭配。

Photo Credit：Ivy Chen

花在哪裡？
到處都是啊！

在德國的學習生活，其實非常規律。每天清早先帶狗出門散步（這是當初講好打工換宿的條件之一），然後跟著老闆到花市選購當天需要使用的花材，回到店裡後一邊聽他抱怨生活大小事，一邊一起製作花藝，下了班就回家休息。

儘管如此，生活內容卻充滿了品味與美感的雙重刺激。

這位花藝師年輕時曾有過一段婚姻，據說，他的前妻是一位銀行從業人員，對生活品味一無所感，夫妻生活味同嚼蠟、漸行漸遠，最後他提出離婚的要求，並勇敢坦承自己同性戀的傾向。

身為同志的他，對於生活有著特別的堅持，不只是花藝作品，就連居家用品間的組合搭配，哪怕只是一盞燭光、一只酒杯，日日餐食所需的餐具廚事也絕不馬乎，一切生活細節都在在顯示出他獨特的品味。

跟他們一起生活的期間，除了花藝的學習，也磨練出我對生活細節的要求，其中最讓我震撼的，是一次度假的體驗。

某天，老闆隨口說句：「我們去度假吧！」話才剛說完，就催促我快手快腳的收拾行李，領著我前往他位於西班牙 Ibiza 小島上的別墅。他的別墅不在熱鬧的沙灘商業區，而在靜僻的住宅區，因為很久沒人居住，得先動手打掃，向鄰居借了發電機後，我們從裡到外分頭整理房子，到了傍晚，終於整理完成。

「你負責插一束佐餐的餐桌花束吧！」

「花在哪裡？」我一臉茫然的問。他微微一笑，什麼也沒說，只用下巴朝外面點了點。

是啊，花在哪裡？不是到處都是嗎？

我走出戶外，深深的吸了一口氣，滿是海潮味的空氣充滿我的鼻腔、肺部，相較於海灘上的熱鬧，背海的 Ibiza 滿佈著完全不同的悠閒氣氛。花園的角落綻開著淺紫色的迷迭香，順手摘下幾束，搭配四周生長的草，完成了我在 Ibiza 的第一件花藝作品。

他看著我完成的佐餐花束，拉開一個抽屜，從中挑選出搭配晚餐菜色與花束的蠟燭，小心翼翼的插在古董水晶燈座上，蠟燭的火光隨著水晶玻璃的反射，在室內旋轉著，我們靜靜的喝著紅酒吃晚餐。

「這才是生活啊！」我發現與台灣在根本上的不同之處。

在 Ibiza 輕鬆的度過了幾天後，我才發現原來那間別墅是租來的。「你為什麼要花這麼多錢跟時間佈置一間租來的房子呢？」我問。

在沒有花市的時候，我們要準備一場驚喜晚宴，於是從自然的森林裡尋寶，找到許多白橡樹和蕨類，從枝到葉到果實，即使不用一朵花也美不勝收。

法國，2018「跟著花開去旅行」，秋豐莊園，花綻巴黎

Photo Credit：蔡東昇 _ 意識影像

「有差別嗎？」他理所當然的回答我，「不管房子是買的，或是租的，『人生苦短』這件事都不會改變，在有限的時間裡，人都該好好的度過生命中的每一天，既然是自己要住的地方，就該把它佈置成自己喜歡的樣子，讓自己開開心心待在屋子裡，度過愉快的時光。」

「我以負擔得起的價格，租下這棟房子，在能力所及的範圍，把這房子佈置成自己喜歡的樣子，就算最終這一切將還給屋主，但在這房子裡度過美好假期的記憶卻永遠不會失去，這不是一件很快樂的事情嗎？能做到這樣，就算物有所值了吧！」

在傳統的觀念裡面，大家（包括我）總以為，人要賺到很多錢，才能住自己想要的房子，過自己喜歡的生活。但聽完他說的話，我的想法改變了。

「人為何需要花呢？明明沒有花也不會對生活產生妨礙啊。」這是我從事花藝工作之後心中很大的疑惑。花藝設計的目的是什麼？在德國的那段時間，我不斷想著這些問題。

花藝並非單純為了展示個人技術的精湛，或是表達獨樹一格的美學素養，而是對於美好生活的想像、追尋與完成；身為花藝師所需要追求與學習的，並非更高層次的設計與技術，而是人該如何好好的過生活，只要樂於付出，就可以傳遞我心中的美。

如果世界的某個角落可以因此而變得更美，
那麼，生活在這世上的我，一定會更愉快。
領悟到這一點後我才發現，這是這趟學習
之旅最大的收穫。

用秋天的金黃南瓜為器，以台灣山林裡金黃的落葉為秋日主角，俯拾即是的秋色萬千。

台北，少少原始感覺實驗室

P64

在英國旅遊時，我流連在 Kew Garden 清香撲鼻的花園中，遍地都是令人驚艷的自然香氣。

英國，邱園 / 皇家植物園（Royal Botanic Gardens，Kew）

P66

「上下」是由國際著名設計師蔣瓊耳與法國愛馬仕集團攜手創立的當代東方生活品牌。我為上海愛馬仕 & 上下庭園植栽在秋季設計的「上下庭院」。

上海，上下之家

美感的共識

美是非常主觀的感覺，但多數人都能接受，而且覺得美的事物，應該就接近某種共識。

然而，要怎麼找到對美有相近看法的一群人，並讓這群人成為我的客戶？我要如何說服他們認同我的美感？如果客戶想像中的花藝之美跟我有差距時，該如何拉近彼此的距離？是該完全聽客戶的，還是堅持自己的想法？

這一連串的問題曾一度困擾著我，特別在我剛開花店的前幾年。「顧客至上」的生意法則，花店也無法例外。

花店賣的商業花藝作品，說服客戶是做成生意第一步，讓所有看到花的人都喜歡，協助客戶達成買花的預期目標（不管是業績的提升、改變空間的感覺或是得到眾人的讚嘆），則是花藝師的終極任務。

一開始我總是擔心，甚至會忍不住過度揣摩顧客的喜好，或是，刻意選擇討喜花材，然而為了考慮顧客的個人偏好，我常無法交出能夠說服自己的作品，剛開始創業的那幾年，我常瞻前顧後，每天都為此心神不寧。

身為一位花店經營者，不能免俗的，我經常思考如何讓生意更好，然而其他人的成功之道，好像無法完全套用在我身上。

「有些人口才好，很會推薦自己的商品，

把本來只有七十分的東西，包裝到一百分，然後以一百一十分的價格售出，看來我也得提升自己說話的技巧。」一天，我跟朋友聊到。

「但這樣真的好嗎？」朋友丟回這問題給我，「如果你是一個消費者，用一百一十分的價格，買到店家口中說出一百分的作品，回到家仔細一看，發現這個東西實際上只值七十分，應該會覺得很失落吧？下次如果還有買花的需要，應該無論如何都不想再光顧這家店！雖然宣傳是必要的，但以你的個性，我想你也做不到與本性不符的事。」

後來我想到一個方法：在開始動手前充分為客戶著想、理解客戶的需求後，創作的當下，先把客戶放在一邊，只跟隨自己的心。結果，或許這麼做正應了所謂的「吸引力法則」，當我集中心力進行花藝設計時，傳遞出的電波正好吸引了一群與我頻率相同的顧客，作品反而能得到共鳴，不必挖空心思大費唇舌解釋，大家就能達成對美的共識。

做到了最最基本的事，自然什麼事都不用解釋。

P72

荷花、荷葉、商陸，將奔放的真實一把抓就地成束，對於植物自然流露的表情，不論是下垂的葉背，或是陪襯的綠葉，都賦予了空間更多季節感。

花材：荷花、荷葉、商陸、豇豆藤
杭州富陽，富春山居度假村（Fuchun Resort）

P74

在「上下」學堂的作品「四季花藝 - 秋」，是想讓花成為一種媒介，在人、空間和時間之間傳遞情感、建立關係，達成西式花藝與中式精神的融合，呈現平衡的美感。

花材：芍藥，苔球，薔薇果實
上海，上下之家

蓮花出淤泥而不染的潔白花瓣，襯上墨色粗獷花器，內斂、簡約、自然、少即是多，將每一朵花、每一支葉放在最適合的位置上，沒有過多堆砌，是自信也是述說著對花草的信任。

花材：蓮花、藤、蓮葉
杭州富陽，富春山居度假村（Fuchun Resort）

P80

植物沒有高低貴賤之分，最好的花藝一定是順勢而為、就地取材、師承自然的美，這是我的原生美學。美是當下的，沒有任何一種樣式可以定義，花藝不光是顯像的表達，還必須存在本身的意義。

花材：綠竹片、檵木、綠竹筍
杭州，杭州佛學院

創新的代價

出國旅行時常自問：如果我住在這個城市，要在這裡開一家花店，會是什麼模樣？我會做出怎樣的作品？看到欣賞的花店，拿出相機拍下的同時，也總忍不住的想：如果我們的城市有這麼美的花店，該有多好？

當有機會可以在台北信義區精華商圈開一家花店時，心中的慾望開始蠢蠢欲動，即便會計同事苦口婆心的勸我，花店利潤根本無力負擔租金，怎麼算都是虧錢的生意，但我還是一心想做這件事。其實是因為建築設計師陳瑞憲的一句話。

「你要保證 CNFlower 讓消費者在這個空間裡耳目一新喔！」

「當然，我想打造出一家前所未有的花店，整個空間以黑色為基調，色彩鮮豔的花朵自然成為視覺重心！」年輕時天馬行空的想法讓人捏把冷汗。已故的誠品董事長吳清友先生看了花店設計圖後，不免善意提醒：「哪有這麼烏漆抹黑的花店呢！」但最終他還是同意我們的提案。

跳脫既有框架的代價，不是只有高昂的租金，花材成本也提高了營運的難度，我們開店以來堅持只提供狀態良好的天然花草，但是花的生命週期非常短，一旦狀況不佳，就必須全數下架更換全新的花材，因成本難以打平，有同事建議：「我們要不要用一些假花做裝飾？這樣可以有效的降低營運成本。」

「不行。」我一口回絕，在植物的世界裡，真假的界線非常明顯，不論是仿真度多高的植物模型，只要貼近觀看，用手觸摸，仔細吸嗅花朵上的味道就可以分辨真偽，花藝師當然知道花的生命是有限的，在這個前提下設計商品，有效的控制營運成本，不正是一項挑戰？

透過在信義誠品的花店，我們學習到如何精算各種花材的效期，做到最低耗損的排列組合，讓陳列精采、商品暢銷，為後續的經營累積到經驗，更重要的是，透過這家花店的開設，我們擴散自身的價值觀，讓更多人認識品牌，也為之後的異業合作打下基礎。

從台北市遷到內湖的西恩創意中心，結合呈現西恩的生活態度與讓花草進入生活的美學，我希望能讓花藝設計師的工作區成為主角，工作時有如就在舞台上表演。

台北，CNFlower 西恩內湖創意中心

受《ELLE DECORATION 家居廊》首席內容官孫信喜及璞素家居邀約，我與團隊結合花、器、空間三方，以自然為題策展。竹子的靈感，來自我在竹林裡看到大雪壓彎竹枝、破裂的線條。

花材：梨花枝、竹片、薔薇果實、雞冠花、喜樹果實
上海，璞素家居
Photo Credit：璞素家居

兩百萬的收穫

十來年前的某個週末，我帶著小狗在汐止汐萬路一帶的山區散步，走著走著，意外的經過一幢堆放農具用的鐵皮屋，我繞著房子走了幾圈，看著房屋外牆因為風雨與時間經過遺留下的斑駁，如同天啟般的一道陽光照入眼中，我反射性的瞇起雙眼，心中忽然有個想法：如果把這鐵皮屋交給我，我一定可以讓它成為一間很美好的房子啊！

四周張望了一下，周圍一個人也沒有，於是我牽著小狗，挨家挨戶的尋找房子的主人，沒多久，遇到了屋主，他爽快答應承租給我，連同房屋周圍的土地，也同意動手改造的想法，「隨便你想怎麼改都行。」他說。

完全衝動的，沒有經過計算的，我開始在這片外人眼中的荒地上，打造想像中的美好空間，先動手清空雜物，只留下房屋原本的結構，一點一滴的運用木材、金屬、紅磚、石塊等建材整修，逐步選購自己喜歡的家具、燈具、黑膠唱片、音響，原本的農舍倉庫，慢慢變得像家。

鐵皮屋四周大面積的空地，有溪流、樹林環繞，是租下這地方的原因，我開著租來的「小山貓」整地，移進可以豐富林相的植物，搬來在山裡找到的石板、石塊，鋪設山徑步道，在杳無人跡的角落，打造了一處專屬的秘湯，夜深人靜的時候，獨自一人在山中沐浴，裸身與自然為伍，整天累積的辛勞都被流水洗滌遠去。

那些年，我把工作以外的時間、精力與絕大部分的積蓄都投入在改建這個屋子，即便它並不真正屬於我。慢慢的，越來越多人知道我在深山裡搭建了一處住所，便常邀朋友來家裡談天說地，甚至小住幾日，分享我所感受到的山居之美。

「宗湧啊！這一切花了你多少錢？」某天一位開著名車來訪的朋友問我。

「嗯……」我遲疑了一會兒，老實講還真沒算過，「大約兩百萬吧！」我把花費的材料成本加一加，自己的時間、人工就暫且不計。

「跟我那部車的價錢差不多。」朋友的車在陽光下閃閃發亮，旁邊停著我用來通勤兼送花的二手小發財車，顯得自慚形穢。

「一樣是兩百萬，車是你的，這房子卻不是我的，如果有天房東要把房子收回，我可是血本無歸啊，更別提你開名車，而我只能開破舊的小發財，開這車出去約會，可是經常被嫌棄呢！」我自我調侃的說。

「其實，你真的比我厲害多了。」朋友的回應讓我大吃一驚：「除了賺到兩百萬需要付出努力，只要手頭有錢，誰都可以買到好車，但你卻用兩百萬打造出這麼美好的空間，這樣的你，一定會有美好的未來等在前面的。」

真的嗎？事實上，我的確因為這房子被媒體報導接到越來越多生意，也許大家相信，能打造出那樣美好空間的人，一定也可以設計出好的花藝作品吧！

我的太太Ivy，也是看到我不只愛作夢，而是會真正付諸行動的特質，願意賭上她的下半輩子嫁給我。人生因為這個空間展開一段全新的旅程，花兩百萬所得到的，遠遠超過購買一 部名車所能帶來的一切，雖然最終還是把房子還給了業主，成為現在知名的「食養山房」。

即便為了孩子搬回城市，住了幾年還是想回山上，無意間又發現一棟座落在九份林間的兩層樓灰色小屋。這本來是水墨畫家李承宗的住家，幾年前，老畫家因為年邁搬回市區後才易主，老屋本身的功能性已經齊備，長年有人居住，房屋充滿了真實生活的氣味，與汐止的房子不同，我並不打算大興土木，而是順著它現有的狀態調整成新的樣貌。

我給自己的命題是，結合九份的自然與人文，在樸實的空間裡，建構對「奢華生活」的想像。這「奢華」並非由金錢名品所堆積出來，我覺得，當世界運轉得越來越快，人對於自然的嚮往就益發強烈，真正的奢華，應該是能夠花很長的時間，在一個跟大自然很親近的舒適空間裡聊天、閱讀、發呆或泡澡，體會到生而為人的美好。

改造這房子花了兩年時間，花了很大力氣在「保留原貌」，我是花藝師不是建築師，因此在裝修時想的，不是把哪些地方拆掉，重建什麼設備進去，反而是順應房子原本的功能，修飾周遭的植物與景觀，次第安排傢俱、物品到適合的地方，對我來說，家具是實現生活的道具，絕不能本末倒置，為遷就道具而調整生活的本質。

我跟家人不住的時候，便不時將這幢命名為「數樹．私房」的小屋分享給朋友，讓有心過山居生活，卻礙於現實未能成真的朋友們有機會在此圓夢，總有去過「數樹」的人告訴我，這是一個神奇的空間，住進去後發現時間慢了下來，心也就跟著沉澱了，可以放下雜念，讀一本書，喝杯茶或咖啡，以緩慢的腳步，踏實的度過每一分每一秒，而且完全不感到焦躁與無聊。

「如果你也喜歡那裡，那真的太好了。」我說。

我和西恩團隊在陽明山上做出心目中的夢想花園，可以感受季節與花草的四季變化，於此試驗與實踐原生美學與園藝景觀的各種可能性。

（苔蘚庭園、筆筒樹蕨、繡球花、杜英樹）

台北，陽明山，億萬年火山口下的西恩花園 CNGarden

我認為大自然的花不會望著別人，只會做好自己，無論花藝還是人生，順其自然就好。在這裡，花園不只提供觀賞，隨手採一把香草放在玻璃水瓶擺在餐桌，是走入生活的花園，也是美麗的花園。在這花園裡的設計希望和生活有關係，可食花園讓所有動物、鳥類、昆蟲和我全都在一起。

台北，陽明山，億萬年火山口下的西恩花園（CNGarden）

機會來的時候

原本只是想在台灣也該像 Ibiza 島那樣的生活（詳見 p.59），打造了汐止山裡的小屋，意外被雜誌報導，也因此接到富春山居、W Hotel、安縵等高級飯店花藝案。因為想分享一般人也能親近的花藝技巧，寫了《花藝大師到你家》一書，卻多了許多教學機會。某位不認識的大陸網友整理我在網路上作品，自行在微博上貼文，短時間內就被大量的轉載分享，頓時多了好多大陸的客戶找上門。

生意這件事，並不是一直汲汲營營於利害算計，好好做自己喜歡的事，過好自己的生活，並且樂於與他人分享，就有可能成功。我秉持這樣的做法來對應客戶，尤其是大型花藝設計案。

這些年我接了數十個高級飯店、知名餐廳的花藝設計案，以及一些名人的婚禮花藝，這其中，有些是自己找上門來，但大多數的開端，都是我自己想辦法找關係，極力去爭取的。

第一個高級飯店的花藝案，是位於杭州富陽的富春山居，當時跟朋友在上海餐敘，席間聽聞這家餐廳的老闆在杭州郊區有間江南風格的頂級度假酒店，也正想找花藝師，覺得這應該是很有發揮空間的案子，當下就毛遂自薦。

W Hotel 也是。我原本就喜歡香港的 W Hotel，聽到台北的飯店即將開幕，我四處打聽有沒有認識的朋友可以介紹。名廚江振誠要在台灣開 RAW 餐廳，當時我們並不相識，我也是想方設法聯絡上他，一開口就對他說：「讓我幫你的餐廳做花藝設計吧！」

爭取的出發點，不是為了一個案子可以賺多少錢，而是「在這樣的地方插花，不是很有趣嗎？」「這個案子，我一定可以讓它更美！」這樣的初心。

像是剛開始為富春山居設計花藝時，我沒著手畫草圖，也沒想如何說服客戶，我想，富陽這個小城市買不到頂級的花材，何不就地取材？於是我花時間到附近的山林裡面閒逛，在花田間漫步，感覺樹木、樹葉的質地，跟附近的居民聊天。大自然在什麼地方、什麼時候能開出什麼樣的花，長出什麼樣的花草樹木，應該都有其意義。

花藝師能做的只是跟大地接軌，憑藉著對土地與植物的直覺，將大自然移到建築物中，恰如其分的展現，也因此我發現在恢弘大器的建築裡，原有的花藝都太小了，不是不美，而是在空間的角色出了問題：答案出來了。

我在山裡面砍了兩根大型松樹樹幹作為作品的骨架，搭配上松果與一些綠色植物，用傘筒當花器，做出了一個三米多高的作品，業主很滿意，合作一直持續至今。富春山居的總經理經常開玩笑說：「宗湧啊！我有時真搞不懂，為什麼我要請你到我的山裡，摘我的花，砍我的樹，插在我的飯店裡，還要給你錢！」

我在富春山居插花已經十二年了，有人問我，在同一個地方工作這麼長的時間，不會覺得重複無聊嗎？

「不會的，大自然永遠有驚喜。」我說。

漫步在杭州的寺廟及農舍，總看見屋頂一片片灰色屋瓦，我將白櫻花與灰瓦片融合成作品，花藝之美也因融入了當地生活的痕跡而更有溫度。

花材：白櫻花、屋瓦
杭州富陽，富春山居度假村（Fuchun Resort），春季花藝
Photo Credit：Ivy Chen

P104

以磅礴中有細膩之美的自然表情，迎接每名入住的賓客。在富春山居的四季花藝創作過程，我都會先閱讀空間的定位和當季大自然的關係，進退之間就像共同演出和諧的舞者。

花材：竹子、青楓

杭州富陽，富春山居度假村（Fuchun Resort），夏季花藝

P107

桃色杜鵑花與綠竹交織成杭州爛漫的春景。在現代東方的空間裡，靈活的運用色彩、質地，不分國界，沒有流派，只有隨著自然變幻的原生之美！

花材：杜鵑花、綠竹

杭州富陽，富春山居度假（Fuchun Resort），春季花藝

Photo Credit：Ivy Chen

師法自然

很多人問過我，跟誰學過花藝？如果真要說誰是我的花藝老師，我想，真正的老師，應該是大自然吧！

花開花謝有一定的自然規律，東方、西方、南半球、北半球在同一個時間、同一個節日所盛開的植物種類也不一樣，而我日常在做的，就是順著自然的節氣，設計出具備當地風格的花藝作品。

對花店經營者來說，有些節慶是不可錯過的「旺季」，比方說，畢業季、情人節、母親節、聖誕節、新年等。這些時候之所以成為花店旺季，毫無疑問的，是「人心」，因為想要對特定的對象藉著花來傳達自己的感謝心意，才會形成送花的旺季。

就拿聖誕節來說，歐美由於天氣寒冷，聖誕節的花藝一貫是使用聖誕紅、大小銀果、軟枝尤加利、雪松等植物組合而成。然而，不同的地方在同一個時間盛開的植物並不相同。如果只是很刻板的認定什麼節日就該佈置什麼樣的花束，難免會落失了當地的特色。

如果聖誕節在泰國曼谷度假，明明氣溫高達三十度，但為了符合大家對聖誕的想像，硬要穿上厚重的羽絨夾克、圍上圍巾、戴上毛線帽與手套，有人會覺得這樣「應景」的裝扮妥當嗎？同樣的在台灣，聖誕節前後的天氣有時不特別冷，特別是這幾年受溫室效應的影響，偶爾到了聖誕，大家還熱到得穿短袖。

美感源自於舒服，而舒服的基礎是不勉強。即使是聖誕老人騎著麋鹿雪橇到處送禮物，到了熱帶地區，他也該會換一套涼爽的衣服，或是幫麋鹿剃毛才對。

為冬季不算寒冷的地方設計聖誕花圈，我會使用生長旺盛的多肉植物，搭配一點松枝、蕨類進行組合，創作出既能傳達聖誕氣氛又符合當下體感的作品，讓大家一看到這個作品就眼睛一亮的覺得：啊！這才是我們的聖誕節！

又比方說，在大陸某家高級飯店工作的時候，因為時間很接近聖誕節，所以想要製作象徵豐收的聖誕花圈。我的概念是，聖誕節傳遞的意義，無非是對大地恩澤的感謝，對神明的仰望，感謝風調雨順，讓人們有豐收平安的一年。

那麼在中國，代表豐收的植物該是些什麼呢？也許是核桃、辣椒、松果、松枝、大蒜……那麼，何不就用這些來做聖誕花圈，表達我們對上天、對大地、對萬物的謝意？具備當地特色的聖誕花圈，跳脫傳統聖誕花圈的窠臼，所有人都能一目了然想要傳達的情感，畢竟，節日只是傳達心意的介質，重點是一顆感謝的心。

我在富春山居的冬季花藝課程，邀請學員們把當季物產：蒜頭、辣椒、銀杏葉都拿來創作，自然不羈的花束、東方風味的聖誕圈成為空間中的冬季風景。

花材：蒜頭、辣椒、銀杏葉、核桃、松果、烏桕、松針、柳枝
杭州富陽，富春山居度假村（Fuchun Resort）

陽朔糖舍的歷史建築中，時間感如同花草。從花開到花謝，都是作品的一部分。

花材：荷花、荷葉、蓮蓬
陽朔，Alila 陽朔糖舍，夏季花藝

MAYER

P114

在「勤美學森大」活動的布置主題「山羽棕跡」，華麗野性，垂掛的山棕葉子如森林展開雙臂迎接所有「入村入森」的人，也像是巨型綠色羽毛，輕拂過進入「毛毛蟲隧道」、穿梭在場域中的賓客。在壯闊的大自然裡，我們都是最謙卑的學徒。

花材：山棕葉、山棕果實
苗栗，森大（The Forest BIG）

P116

八角哲學特展中，以南法為題，將「種子」的概念帶入作品，自然生命的消長象徵初心如種子般強韌茁壯。我用了山防風、花種、菜種等材料，將書本封面朝上，以透明隔板圍繞，在書本四角灑落種子，多次重覆噴貼固定，自然掉落後產生的波度線條，完成近似框景的書封，呈現最接近自然原生的型態。

花材：山防風、梨花枝、咸豐草、香菜花
台北，OCTAPHILOSOPHY ™八角哲學特展
Photo Credit：汪德范攝影 _ 八角哲學特展活動團隊提供

我的花藝三元素

「花藝怎麼學？」我常被問這問題。

我總是笑著回答：花藝其實不用學。這些年，有很多人來跟我學花藝，「你們想從我身上學到什麼呢？」我常會反問同學。「我想開一家像 CNFlower 一樣成功的花店」，有些是經營取向；「我想插出類似你的風格的花藝作品」，更多人的目的是技術取向。

純粹論技法，實話說我不是最厲害的，花藝界強中自有強中手。我沒辦法教「流派」、「比例」這些規則，因為我自己就不是透過這樣的途徑學成出師的。

我認為美是一種感覺，一種情感傳遞，當然也有些條件、定義，甚至公式可循，但這都不是最重要的，核心能力在於，當你把自己覺得美的事物與感覺，透過某種形式（例如花藝）傳遞出去，其他人也能感受得到，你就擁有「美的話語權」。

若真要說當花藝師二十幾年來有什麼「心法」，跟我一起工作過的夥伴都聽我說過「三元素理論」，每件作品中，一定會有「主角」、「配角」、「特別來賓」三種角色，小到只有三種材料，大到幾十種素材的裝置藝術，都是據此排列組合而成。

「真這麼簡單？」剛開始跟我學插花的夥伴都會這樣問。

舉個例子，近期我受邀到西班牙科爾瓦多參加一個花藝嘉年華的活動，總共有八位來自世界各地的花藝師，其中只有我是來自亞洲，所以行前構圖的時候，我就希望能在世界遺產建築的西班牙庭院中，用「水墨畫」的概念來破題。

我用當地的橄欖樹、青剛櫟的樹體及蝴蝶蘭作為主體，接著，用青苔把蝴蝶蘭的根部包成球體，穿插放在樹叢當中，最後，在作品的頂端鋪上桃紅色、橘色、電光紫的西班牙九重葛。

這其中，樹跟蝴蝶蘭是主角，建立整個主題所要表達的意向；包裹蝴蝶蘭根部的青苔球體是配角，畫龍點睛的點出新東方的概念；與主配角都格格不入的九重葛是特別來賓，用顏色來創造衝突感，讓整個作品多了些與眾不同的味道。

當然，「三元素」理論只是解釋我個人花藝創作的大原則，並不是公式或定論，像在這次的花藝嘉年華中，有一位花藝師只用一種主角：綠葉，從庭院的天棚頂端懸吊下來數面三角造型植栽體，「主角強到底」這一招也獲得與會花藝師的一致好評。

大理花、菊花、山歸來既是時令花朵，
也象徵東方獨有的美，用來慶賀熱鬧
的年節最適合不過。

花材：大理花、菊花、山歸來
台北，CNFlower 西恩年節花禮

許多花草的根、莖、花、果、枝、葉，都是我們日常食用的蔬果食材，我喜歡把這些材料排列組合，就能不斷發掘驚喜。

花材：竹子、蝴蝶蘭、石榴木
北京，諾金酒店（Nuo Hotel）

我將杭州的四季，暈染於富春山居的一角一隅。雲南黃馨延伸出水墨畫般的視覺美感。大自然賜予我們什麼，我們便援引用來寫出空間的詩句。

花材：雲南黃馨、竹片、桃枝
杭州富陽，富春山居度假村（Fuchun Resort），秋季花藝
Photo Credit：Ivy Chen

用盛開的花朵與花朵退去後的果實，創作呈現出季節交替的模樣。

花材：芍藥、松蟲草果實、聖誕玫瑰

Photo Credit：Ivy Chen

主角哪裡找

某次我在杭州幫清華大學的同學上課，課前我們帶著採集工具與竹簍到山裡找素材。冬天的山上，乍看之下可用的材料確實不多，「這裡明明什麼都沒有啊。」繞了半天，一無所獲的學生抱怨著說。

我要他們耐著性子，慢慢瀏覽，一些平常不會留意到的素材就有如變魔術般一一浮現。

「老師，這是什麼？」有同學對著落了滿地的黑色果實問道。

這是烏桕的果實。烏桕是一種大型喬木，木質密緻並有彈性，常拿來製作陀螺，或當成傢俱或雕刻品的素材。烏桕果實剛結果時呈現綠色，成熟後就會變成黑褐色，拿來與枯枝放在一起，就是很棒的主角素材。

在我的眼中，並非哪種植物就特別適合當主角，哪些只能當配角，端視你想達到的效果而定，通常我們會選用一些存在感極強，又與傳統花藝用的花材有所區隔的材料，來為作品起到「提味」的效果，例如說我常用的南瓜。

世界各地有著不同生活背景的人，對於南瓜的印象都是不同的，例如西方人直覺就會想到萬聖節的南瓜燈，東方的直覺聯想卻是食物，用南瓜這項素材，我首先會想在大自然裡會是什麼樣貌？它跟哪些植物會長在一起？象徵什麼季節？因此當我把南瓜用在呈現豐收的概念上，它又搖身一變，從配角變為主角了。

我常把蔬果拿來當作花材主角，理論上植物的根、莖、葉、果實都可以拿來用，既是食物也是花藝，我有一件作品的靈感便是從我愛吃的一道菜「桂花糖藕」而來，就運用蓮藕當花器，把荷花插上放置在餐桌上，用餐的客人都相當驚喜。

蓮藕與竹子組成的桌花，把蓮藕當花器，呈現出蓮花在大自然中的垂直美感。

花材：蓮藕、竹子、荷花

杭州富陽，富春山居度假村（Fuchun Resort），夏季花藝

P132

在「跟著花開去旅行」的課程中，我與學員一同完成的葡萄宴席，串串如玉的果實，串起每個人的美麗視界，美不僅是花藝技巧，更是真實善良的呈現，很感動一次又一次和大家一起實現夢想。

花材：葡萄葉、葡萄藤

富春山居度假村（Fuchun Resort），「跟著花開去旅行」

Photo Credit：趙凱

P134

灑落的竹條與大山大水相呼應，並使用竹子、藤條、柿子三元素，
為作品創造出骨骼感。

花材：竹子、藤、柿子

陽朔，Alila 陽朔糖舍

靈感哪裡來

很多來上課的同學都會問我：「靈感從哪來？」所有的創作者給的答案應該都會不同，對我來說，不外乎是「以大自然為師」或「人與人間的碰撞」。

我曾經做過把爆裂的竹子跟桃花放到一起的作品，看過的人都會問：你怎麼會想到這樣做？其實答案簡單到不能再簡單，因為這是我在大自然裡看到的，我看到桃花林跟竹林相伴而生，冬天大雪把竹子壓斷了，爆裂開來的竹子一條一條掛在枝頭上，仍持續展現著強大的生命力。

做這件作品還有個小插曲，業主剛好有位員工擅長編竹簍，我請他將竹子的枝條編成球狀，還畫圖給他看，希望不要編得太工整。他回我說：「老師，你這樣不美，我不會編不漂亮的東西，編得緊才牢靠漂亮。」

但我還是堅持要用我的方式來編，我將竹球懸掛在屋頂大樑下，用竹條綁在球體上四散灑落下來，去呼應我在大自然裡看到竹子爆裂開來所展現生命的張力，下面再對應桃花與桃樹。完成之後，我請編竹球的員工來看，他激動的對我說：「老師，這個藝術啊！」

有次我受邀為一群室內設計師上一堂花藝課，備課時想，大家都是以視覺為工作的專業人士，不應該是我「教」大家插一盆花，而是該如何讓他們用熟悉的工具，試著來當個一日花藝師。

室內設計師都具備繪畫的技能，所以，在上課之前，我為每位同學準備了宣紙與筆墨，請他們試著用筆墨來把想像中花藝創作的可能性畫出來。有位同學不經意的把墨水滴到裝著清水的墨碗中，墨汁渲染開來，恰好一朵蝴蝶蘭就掉落在水面上，我經過一看，馬上用手機拍下，並放到螢幕上跟所有同學分享，大家都覺得，這張照片美得驚人，簡直就像渾然天成的花藝作品。

水墨本來就是我在花藝上常使用的概念，但這次不經意的構圖中，墨汁與清水呈現出的渲染視覺給了我更多的啟發，之後，我就把一個小小墨碗中的構圖放大，放到陽明山的「少少」，在這又似室內又如戶外的空間裡，頂部是一片透著光、罩著黑網的棚子，棚子上積著一些自然掉落的樹葉樹枝，光線穿透光影打在地上，產生了類水墨的渲染效果，所以我用最低彩度的白色，以大量的百子蓮與芍藥，從頂端垂掛而下，讓光線、植物與空間三者融合，呈現出立體水墨空間的意象，成就一件「台式水墨」的大型花藝作品。

我眼中的春天。在冬天重生的竹子與桃花，在大自然中相伴而生，結合為一件作品怎會不美？

花材：綠竹、桃花
杭州富陽，富春山居度假村
（Fuchun Resort），春季花藝

這是我看過最美的辛夷，深深體
會到任何創作都贏不了大自然。

日本，金澤，「跟著花開去旅行」

Photo Credit：Ivy Chen

P144

《一条》找我進行花藝採集及個人專訪的拍攝，利用夏天當季的白繡球與百子蓮，在「少少原始感覺實驗室」的空間呈現此作，花朵垂掛如瀑，宛如畫作般潔白優雅。

花材：白繡球、百子蓮、枯枝
台北少少原始感覺實驗室（一条影片拍攝）

富春山居依山傍水，竹子的存在原本就是無可替代的美景，而我的工作，只不過是把大自然的視角引入到室內空間讓大家欣賞，如此而已。

杭州富陽，富春山居度假村（Fuchun Resort）

用花説故事

很多花藝師會從材料下手，由花材來決定作品的主角，我想任何初學者都會經歷這樣的階段，想用特殊的材料，或顏色或形體或稀有性，但我越來越覺得，選擇主角的重點，其實不在材料本身美不美，而是身為創作者，能不能用花材來說故事，亦或是說，花材本身具備的故事，花藝師能不能讓它呈現出來。

陽朔的 Alila 飯店找我做花藝及庭院的設計，雖然 Alila 是國際知名的精品飯店品牌，但陽朔 Alila 最大的賣點就是「山水甲天下」的喀斯特地貌，因此我與業主的共識，就是用當地有的植物，創造一座「喀斯特花園」。

我發現當地農民從很早以前就會種蓖麻，這是一種經濟作物，它的種子榨成油可以當作內燃機的潤滑油使用，我搜集了飯店附近山林中蓖麻、芭蕉、蓮蓬、竹子等植物的種子，在飯店開業之前就播種到庭園裡，不是用人為的方式來裁剪，而是讓景觀自然而然的「長出來」，就會是一座獨一無二且無法複製的花園。

理論上用這種方式來呈現花藝，有極大的風險，植物的生長往往不會按照你的預期，在過程中有些植物播種下去長不出來，但業主卻非常支持，心甘情願的花上很長的時間來等待植物長成，酒店的經營者與建築師都認為，一座有故事的庭院，要比純粹視覺上的美重要得多。

再舉個例子，一種台灣非常獨特的植物：雙扇蕨。

這是一位大學教授告訴我的。雙扇蕨有兩億年的歷史，堪稱是植物界的活化石，只生長在台灣、琉球、菲律賓一帶，他說有位瑞士學者研究蕨類一生，只看過雙扇蕨的標本，從沒見過活體，原本以為在他有生之年看不到這種植物，沒想到在陽明山讓他看到野生的雙扇蕨，感動到當場跪地讚嘆。我聽到這故事後也特意上山去找，看到一整片的雙扇蕨，頓時也覺得：嘩！好美！

繼而納悶，如此獨特的植物，為何之前沒被用在花藝上？回想之下，有的，我曾經在花市裡看過，但攤商把葉子染成金色，當作花藝的配件來賣，這好比天生麗質卻化個大濃妝，真是太可惜了。

就在我想著要如何使用雙扇蕨的時候，機會來了，「美好循環設計周」的活動找我及四位跨界名人設計由回收玻璃製成的咖啡杯，我就想對西方學者來說無比珍貴的植物，原來早已存在於我們的生活中，於是便把雙扇蕨的形體做成圖騰轉印在玻璃杯上，希望使用者能從中體會到屬於台灣的日常美好。

我參與設計二〇一七年美好關係活動的「美好咖啡杯」（設計師由左至右分別為：陳耀光、陳德堅、雲門舞集、JIMMY CHOO、凌宗湧）由春池玻璃使用再生材質製作，杯上的傘狀葉形拓印，像兩把扇子，也像天使的羽翼，這是台灣原生的傳奇蕨類「雙扇蕨」特有的葉形。

台北，美好關係活動「美好咖啡杯」

Photo Credit：美好關係團隊

154

廣西地處南疆，芭蕉是常民食材之一，就如同香蕉之於高雄或屏東人一般，從枝、葉、果實到花，構成一件使用單一植物的作品。

花材：芭蕉、芭蕉花、南瓜
陽朔，Alila 陽朔糖舍，夏季花藝
Photo Credit：Ivy Chen

P156

形塑 Alila 陽朔的庭園時，我們採用有別於一般景觀工程的施作模式，在開幕之前，撒下在當地採集的混合草籽，包括狗尾巴草、篦麻、霍香薊、當地的苔蘚和野花等，等待幾個月後，這座獨一無二、在喀斯特地形中的自然花園生長出來了，恰到好處的展現它最本真的模樣。

花材：狗尾巴草、篦麻、霍香薊、苔蘚、野花
陽朔，Alila 陽朔糖舍，喀斯特花園

靈感來自周夢蝶的十三朵白菊，重新思考觀看菊花的角度。

花材：白菊、針柏枯枝

Photo Credit：Ivy Chen

時間感

花藝是一種跟時間競賽的工作，保鮮期限短是先天上的限制，雖然做的是講求速度的工作，但我心裡卻是過著很慢的時間。

有一年，我為一間酒店進行花藝設計，為了設計的內容，我一如往常在街道上漫步找靈感，在小巷裡跟老伯閒聊起來。「現在蓋房子的技術好，新房子『嘩』一聲就蓋好了！一轉眼，原本的老屋子就不見囉！像你現在看的這幢大樓，幾年以前還是三合院，旁邊是一片桃花林，一到春天就會開很多桃花……」老人用濃厚的鄉音指著眼前的灰色大樓，對我這樣說。

原來這裡以前有桃花林啊？我望著上班族忙碌的進進出出的辦公大樓，怎麼樣也沒辦法想像出它原本的模樣。

雖然追求發展與進步是人類的天性，但我更珍惜關於舊時光的美好記憶。怎麼樣把已經失去的生活感覺與記憶帶回現代的空間裡呢？與老伯聊完後，我決定以桃花作為設計主題，在酒店裡重現人們對城市以往的印象。

「這就是這地方該有的樣子。」許多看過作品的當地人，就算不知設計緣由，也都不約而同的這麼說。

日本人擅長的 Wabi Sabi（侘寂風）就是讓觀賞者感受到時間的存在，時間感這項元素就像做菜裡的調味，有些作品要多一點味道重一點，有些則淡一點少一點。很多人問我，在我設計的飯店花藝中，安緩跟富春山居都是走東方極簡的路線，我幫這兩家飯店製做的花藝有何不同？

其實，仔細觀察可以發現，在建築的形體上，富春山居的留白比較多，灰瓦白牆的性格很強烈，安縵法雲是老建築木頭牆，有強烈的歷史感，拿畫畫的紙張來比喻，前者若是白色的宣紙，後者就是斑駁的牛皮紙。

例如說，我會在安縵把大紅果子放置到地上，搭配枯枝枯葉來呈現果熟落的季節感。不需呈現太多細節，因為背景太複雜，細節會被忽略，更純粹更簡單的設計反而容易被看見。相反的，在富春山居我會用強烈的視覺印象搭配一些細節巧思，觀者先是目光被花藝作品吸引，細看之下還有更多驚喜。

幫餐廳 RAW 製做花藝時，我想用花藝做出季節感，讓用餐的客人感受到四季的變化，呼應每季不同的時令菜單，當時是秋天，我想到了山桐子的果實，它會在秋冬落葉後開始次第變紅，待碩果累累，便成了山林間鳥類最愛吃的食物，與不同顏色的芒草搭配，對於時間的感受便油然而生。

就算科技變化得再快，逝去的日子裡，總會有些讓人懷念不已的殘影留在腦海中，把時間的記憶拉回來，讓看的人產生共鳴，也該是花藝師的工作之一。

P166

利用基隆潮濕多雨的特性，選用屬性潮濕柔韌的蕨類，象徵隱含著棄置空間內外的自然生命無限綿延，綠色植物及台灣在地的紅藜，將野性之美的可能性展現到極致。舊警局的廢墟綻放出綠意與光影交錯、新與舊互融的美。

花材：台灣藜
基隆，基隆警察第二分局，「現場介入｜港區邊緣，策一種時空過渡的可能展覽」
Photo Credit：Ivy Chen

P168

在名廚江振誠的餐廳 RAW，每一個角落都感受得到對料理的堅持，空間裡的自然意境也無所不在，在耶誕時節，除了一般印象的聖誕裝飾元素，我希望把更自然的樣貌融入空間的表情，自信而純粹，山歸來的果實完美的達成任務。

花材：樹枝、山歸來
台北 RAW 餐廳，耶誕佈置

在杭州安縵法雲酒店利用當地的素材，為空間妝點出清幽淡雅，以松果與竹子交織而成的東方聖誕樹，不僅形體獨一無二，更與古樸的建築最完美的呼應。

花材：松果、竹子
杭州，安縵法雲（Amanfayun），聖誕佈置
Photo Credit：張呈昊

蘇州網師園以小巧精緻、彷彿園中有園的景致著稱，我與攝影師孫郡在此合作「一花一世界」的主題，鏡頭裡的時間彷彿凝固了。

花材：海棠
蘇州，網師園《ELLE DECORATION 家居廊》月刊拍攝
Photo Credit：孫郡

藻耀高翔

看花的角度

我的太太Ivy是專業攝影師，大家都知道攝影師很重要的一項技能是構圖，有次她跟我說：「我覺得你的工作就是用花草來作畫，這也是一種構圖。」

仔細想想的確如此，花藝作品是立體的，隨著不同角度會呈現出不同的風貌，而花藝師的工作，就是導引消費者用某一個特殊角度來觀賞作品，從而得到不同以往的感受。某次「跟著花開旅行」的活動，我帶著學生在法國發生的小故事，恰恰可以用來說說構圖這件事。

故事發生在亞維農，原計劃是帶同學們參觀市場，走逛花店，再統一由我在花店裡購買隔日上課所需的花材，沒想到二、三十名同學把小小的花店擠得水洩不通，又是摸花又是拍照，店主人搞不清楚這群東方人到底是要買花，還是只是看熱鬧的觀光客，臉上逐漸露出不悅的表情。

我看情況不對，跟帶隊的同事說，就讓大家各自挑選明日上課要用的花材吧！同學們的喜好各有不同，有九歲的小女孩買了小清新的向日葵、滿天星，也有年長的學員買了優雅大器的花材，一群人把花店裡一半的花都買光了，花店老闆開心，我卻發愁了起來，花材的色彩與種類，跟我做花藝的「三元素」理論完全背道而馳，這時，我還想不出來明天花藝課的主題是什麼。

經過一夜的思考，隔天在一艘河輪的甲板陽台遮陽棚下上課，我把一些樹枝掛在棚下，讓所有同學只管把手中的花材往頭上的位置倒吊掛上，而且不能指使別人該如何高低錯落，或花材之間怎麼搭配，同學們不無疑問，但開心的做了起來，沒一會兒做完了，遮陽棚下五花八門的各式花朵，我先問大家，「你們覺得美嗎？」

現場陷入一陣沉默，可想而知多數人不願意破壞氣氛，讓我下不了台，又不好說出「不美」的內心話。

接著，我請大家把手機放到遮陽棚下的桌上，各自對著自己懸掛的作品，讓手機由下往上拍照，接著，我又問大家：「美嗎？」

所有人都被自己手機裡的畫面所感動了，其實連我都被感動，因為我也沒預期到會這麼美。有位同學就問我，「凌老師，你一開始就胸有成竹會有這樣的結果嗎？」

「其實我只是相信那家花店是美的，買的花材是美的，今天我們插花的場地也是美的，有這麼多美的事情在一起，我們為什麼要去懷疑結合在一起會是醜的？」

我進一步對同學解釋構圖的概念：當我們逛花店時，花是平放在架上或被插在花器上，而我們的視角是由上往下看，要改變花所呈現的視覺，需要改變的不是花，而是我們的視角，把花倒吊，不僅視角不同，光線的角度也不同，自然產生意料之外的感動。

把眼睛當作相機，在一片山林之間，不斷的去尋找你覺得特別的地方，接近再接近，就能從很大的景觀中看到很小的細節，你會不斷的驚嘆：大自然就是最厲害的花藝大師！

「學學」課程中我和學員們共同完成的大型協作「野花棚」。以黑鐵框架、白色空間為畫布，使用飛燕、海芋、櫻花等當季春天花材，呈現莫內花園般的春天豐盛花草之美。

花材：飛燕、海芋、櫻花、藜麥、茶花
台北，學學文創 野花棚

透過成千上萬朵的黃色花朵，文心蘭、樹蘭、海芋，觀者猶如仰望天堂。花全是來自台灣本產，活動結束後每位來賓都可以帶走，透過花藝傳遞主人家最深情感。

花材：文心蘭、樹蘭、海芋
台北，李維菁追思會暨《有型的豬小姐》新書發表會活動

二〇一五春天在日本金澤的「跟著花開去旅行」，看見這些被大雪壓斷的櫻花樹，花朵仍然堅強綻放，我從中得到創作靈感，在花藝家岡本俊英協助下一起在和田屋中創作，並與陶藝家吉村安司的柴燒植物灰陶器共同展出。

日本，金澤，「跟著花開去旅行」

Photo Credit：Ivy Chen

大與小

對於花藝的初學者而言，「三元素」與「構圖」是非常好用的心法：用元素來決定使用的材料與搭配，以構圖來決定作品的尺度與呈現方式，基本架構就差不多了。

這其中，構圖對於大型創作尤其重要，小件作品從花器、花材到陳設空間的選擇，大多是花藝師自己可控制，但大型花藝則不同，現場空間的風格與尺度、現有陳設物品的存在，都會讓創意受到限制。許多高級飯店常找我幫忙做「定調」的工作，長期觀察，許多作品本身很美，但放到空間裡總是不對，這是因為創作者在設計時，沒有先把「構圖」想進去的緣故。

我在北京諾金酒店的作品就是很典型的例子。這是凱賓斯基集團專為中國市場打造的高級飯店品牌，大廳裡用了很多高達兩、三米的大件青花瓷花瓶當作視覺重心，相對來說非常細碎的花草，要如何在一群巨大的裝置中突出？

傳統觀念是「花就應該插在花瓶裡」，用這個邏輯來想，很難找到足夠巨大的花來安放在巨大的花器中，當然，我們也可以做一個極其巨大的花藝來跟花器相匹配，但是，體積越大用的花材越多，成本與工時也會增加，不利於定期更換與維護，有沒有兩全其美的方法？

後來我借用盆景的思維來建構主體，把作品拆成兩部分，先用白件底座搭配石榴木做成樹的結構，把它當成花器，隨著季節的變遷，更改懸掛在樹上的植物。像在夏天，我想到了北京頤和園中隨風飄蕩的楊柳樹，於是用了綠色藜麥掛在樹上垂吊下來；冬天就改用大紅色的蘋果與山楂，來呼應節慶的喜氣。

大與小是相對而非絕對，想通這點，就達到像武俠小說裡講的「無招勝有招」了。

北京諾金酒店的東方花藝作品「夏日狂草」。用花草揮灑作畫，以綠竹和蝴蝶蘭兩種簡單的材料，不求炫技，讓青花瓷器陳列和室內設計相互呼應，呈現優雅平衡的美感。

花材：綠竹、蝴蝶蘭
北京，諾金酒店，夏季花藝

P188

如何在現代藝術東方古典的空間中呈現夏天？我想到用綠色藜麥，表達出中國園林頂峰代表「北京頤和園」的楊柳樹，打造一種結合花與人、空間、時間的互動關係。

花材：綠色藜麥、石榴樹、乾橘枝
北京，諾金酒店，夏季花藝

我為上海安縵養雲酒店製作的第一場婚禮，草坪餐宴區用竹子與竹片為架構，構築出一半與大自然接觸、一半身在竹林之中的空間，搭配當季的李花、櫻花、蝴蝶蘭，融入靜謐且獨特的戶外氛圍。

花材：竹子、李花、櫻花、蝴蝶蘭等

上海，安縵養雲（Amanyangyun）酒店婚禮

Photo Credit：蔡東昇 _ 意識影像

被制約的美學觀

我們常常很羨慕歐洲人的生活感，總覺得自己生活的城市很醜，但其實重點不在什麼東西是他們有我們沒有，往往是因為不敢或不會用。

在歐洲經常可以看到「綠意盎然」的房子，為了讓居住空間變得更清涼，在炎熱的夏天降低室內溫度，以減少冷氣的使用，許多歐洲人不但不會清除攀爬在住家牆外上的攀藤植物，甚至會刻意地在牆上留下攀牆植物可以生存的空間，「綠化」自己的房屋，讓植物進入每日的生活中。

最常見的就是爬牆虎，這是一種可以保護房屋的植物，它的枝葉茂密，足以吸附飛揚的塵土與降低環境中的噪音，捲鬚式的吸盤還可以吸走牆壁上的水分，讓潮濕的外牆變乾燥，在乾燥的季節又可以讓牆壁保濕，令室內空氣更為舒爽。最重要的是，爬牆虎的葉片會隨著四季變化，秋天爬滿爬牆虎的牆面一片火紅，真是美呆了！

這樣的美景，常成為旅人難忘的風景，但是如果問，「如果你有自己的房子，你會把它佈置成這樣嗎？」

在台灣多數人可能會猶豫再三，「房子爬滿植物，會感覺太陰」；有人這樣說，「從風水學的觀點來看，會引來口舌官非」。如果這個說法成立，那些房子佈滿植物的歐洲人不是一天到晚法院跑不完？

這是一種被制約的美學觀，別說一般人，即便我以花藝為生，也不免被傳統觀念所制約。

我在九份山上的小屋完工後，有許多媒體來拍攝，荷蘭的《DECO》雜誌攝影師來採訪兩次，一次是房子剛弄好，原本窗外的榕樹上爬滿了蕨類植物，我特地在採訪前全部拔除整理乾淨，因為我認為這樣才美，事後攝影師又來拍一次，這次我因為太忙沒時間去整理，榕樹上又攀滿了蕨類，甚至還多長了一棵山蘇，後來他們做了一篇專題報導，把這間小屋選為全球綠生活住家之一，選用的照片就是後者我沒有整理過的窗景。

為什麼在我們的眼中，門口種一棵櫻花樹，會比種榕樹來得美？這是我在九份的小屋的門口，看著一片榕樹林時常會問自己的問題，時時刻刻提醒自己要放下成見，以最純粹的赤子之心來看待植物。

常見的蕨類，充滿時間感的老物件，一本世界最美的《蟲文書》。沒有電視也放下手機的時候，好像才能打開眼睛以外的感官。

九份，數樹・私房

苔蘚佈滿老房子階梯與扶手，雙開的老木門片還保留著中式門環與門鎖。斑駁褪色的牆在茂密的綠意中隱世而立，我希望這裡成為一個在山城裡讓時光暫停、逃離塵囂的秘密基地。

在「數樹・私房」，有中式花窗、德國工作桌，義大利的皮椅，法國紅銅澡缸，台灣磨石子，各種來自東方或西方純粹質地溫柔融合，卻不衝突。我兒子澤澤悠遊玩樂，竟也構成一幅和諧畫面。

九份，數樹・私房

P200

我帶著「跟著花開去旅行」的學生來到園藝大國——英國，在有著英國最美鄉村之稱的科茨沃爾德，隨處可見攀爬上民宅牆上的紫藤花，就像是房子的一部分，園藝花草不僅深植於生活之中，也是歷史的積累。

英國，科茨沃爾德（Cotswolds），水上伯頓
「跟著花開去旅行」
Photo Credit：蔡東昇 _ 意識影像

P202

台式老廚櫃、日本醫生椅、中國老花窗，不同的元素交融在「數樹．私房」，構成獨特的風景。

九份，數樹・私房

Photo Credit：Ivy Chen

在 Alila 陽朔我們用當地的綠竹與蒲葵，創作獨一無二的聖誕樹，
呈現與眾不同的東方聖誕。

花材：蒲葵、綠竹
陽朔，Alila 陽朔糖舍，聖誕佈置

什麼是新東方

一些邀我演講的主辦單位，在對外介紹時都稱我的作品為「新東方花藝風格」，也有來聽演講的聽眾問我：「凌老師，你的花藝跟西方主流很明顯不同，跟日式花藝也有差異性，你覺得你的花藝是什麼風格？」

我雖不排斥「新東方」這類的形容詞，但什麼是東方？什麼是西方？差異在哪裡？我覺得不在作品的外觀、使用的花材與花器，而在於創作者如何詮釋作品的本質。

說起來很玄，還是講案例吧。有次媒體邀請我跟大陸知名的攝影師孫郡，在蘇州的網師園製做一個專題，我做花藝由孫郡來拍。網師園是有將近九百年歷史的名園，也是世界文化遺產，對花藝師來說，如何去對應園林的歷史與現有植栽建築的意境，也著實讓我有壓力。

在走逛園林時，我發現了一株非常老的龍爪槐樹，樹幹上竟然有一個自然形成的樹穴，一看大喜，這是再適合不過的天然花器！我在其上放置了花朵，讓花與樹成為一件作品，我不需要進行任何裁切與修剪，也不需要做任何讓植物變形與破壞，把花取下來，花還是花，樹還是樹。

完成這件作品讓我有種異常的滿足感：我不喜歡從大自然裡去「取」走東西化為己有的想法，不該去跟大自然爭，而是發自內心去讚嘆它的美好。

對我來說，東方對於「捨」與「得」、「進」與「退」的哲學，讓人能夠找到一種和諧的狀態，以這樣的想法創作，一件作品從本質內涵上就會「很東方」，跟你是哪裡人，在哪裡創作都無關。

以東方的紅色作為引子，導入西方節日的節慶感，單一素材襯以侘寂調性的器皿，在彩度和飽和度極低的空間中，我想表達不同於歐式花藝的大鳴大放，讓留白的場景突出內斂收聚的質感。

花材：南天竹果實
杭州，安縵法雲（Amanfayun）
Photo Credit：張呈昊

設計師陳林與三十位藝術家連袂打造杭州「玉玲瓏」，餐廳裡貫穿古今中外，將中西方經典藝術跨界結合，我選用當地時令的柿子樹，讓時間回到千百年前的南宋杭州。

花材：梨枝，柿子

杭州，玉玲瓏

Photo Credit：玉玲瓏

當初來到這個石頭小城，看見村民小廖家還保留著生活上的痕跡，就真心的覺得好美，我馬上有了畫面，把以前很難突破的花材全都用上，花草沒有高低貴賤，保溫瓶當花器也可以很美，牆上的花開富貴，就是我花藝的靈感。

花材：鳳尾雞冠、火焰百合、非洲菊、南天竺、火棘
陽朔，「跟著花開去旅行」
Photo Credit：蔡東昇 _ 意識影像

結合傳統江南園林的蘇州新墅，將經典「粉牆黛瓦」融入現代空間設計，我用現代抽象手法來闡述東方之美，白綠之間，水映霧撩，兼容方圓。

花材：石榴木，剝皮橘子樹，台灣藜
蘇州，私宅
Photo Credit：《ELLE DECORATION 家居廊》

就地取材

從事花藝工作多年來，有一個原則是始終堅持奉行至今的，「就地取材」，就算是花材取得再困難，我也絕少使用當地沒有的材料。

香港知名室內設計師高文安先生，在蘇格蘭的愛丁堡有座古堡，他花了好幾年時間整修，在古堡修復時舉辦生日宴，請我為古堡及宴會設計花藝。用什麼材料當作主角，既能夠完全取材自附近的山林間，又能跟古堡的歷史風貌相結合？我最後想到的主角是：青苔。

一般人提起古堡與英式庭院，直覺聯想到非常工整的幾何排列與各式花團錦簇的花朵，但在此之前我曾經造訪過蘇格蘭，當時留下最深的兩個印象是陡峭的懸崖與凜冽的冷風，與歐洲的其他地方相比，異常潮濕寒冷的環境也讓苔蘚類植物相當豐富，如果大自然是花藝師，在古堡的牆壁妝點上青苔，應該是極為自然而然的事，此外，我還用了附近山裡老杜鵑樹的樹枝，以與青苔大相逕庭的形體表現衝突與張力。

有時就地取材的理念，也代表花藝師必須有窮則變、變則通的臨場智慧。位處哈爾濱麓谷雅酒店，因為看到我在富春山居的花藝，想請我複製一個新東方意境的花藝作品，我心想，這得付出極高的代價，因為在東北竹子、桃花、柳條或葫蘆可不好找。於是我跟業主說，如果你喜歡我的設計，應該是想要我為你量身定做的，而不是複製出來的作品。

我要求業主讓我體驗哈爾濱的大自然，把我們這群來自南方的團隊，送到大興安嶺裡堪稱中國最冷的小鎮——「呼中」去尋找材料。當地原住民鄂溫克族，是中國最後一批還飼養著馴鹿的族群，山裡只有白樺木跟霧淞，工作人員發愁的跟我說：「凌老師，一點綠色植物都沒有，你要怎麼做花藝？」

正因為雪地中沒有綠色植物，鄂溫克族為我們搭的「撮羅子」帳篷給了我靈感，這是當地人使用數根白樺木的樹幹搭成立體三角形的框架，罩上覆面後成為居住的場所，最後我用撮羅子帳篷框架的形體，做了一個以白樺木為材料的花藝作品，後來就連飯店的企業識別標示，都採取了相同的圖騰，成為飯店的一大特色。

雪地裡的白樺木正是我心目中東北的真實樣貌，況且，一家北方的飯店大廳裡，本就不該移植那些需要開著暖氣精心照料的南方植物，不是嗎？

美的表達可以是加法或是減法，炎熱八月裡的出水蓮蓬，沒有過多的矯飾，僅僅是烏黑發亮的木炭和消暑的嫩綠淺淺露出水面，就能叫人端詳許久。

花材：木炭，蓮蓬
杭州富陽，富春山居度假村（Fuchun Resort）

P222

我和 CNFlower 團隊深入鄂溫克族馴鹿部落尋找花材，最後選定最能呼應當地自然景觀的白樺木為主，以當地植物的獨特性，建構出飯店大廳的視覺效果。

花材：白樺木，常綠松針
哈爾濱，敖鹿谷雅酒店 AOLUGUYA
Photo Credit：敖鹿谷雅

正值狩獵季節的蘇格蘭愛丁堡，我們在古堡周邊「獵取」到大片厚重如棉襖的苔蘚和斷枝，採集到什麼就用什麼，一向是我創作的基本原則。

花材：樹枝，苔蘚
英國，蘇格蘭愛丁堡，古堡私宅

不只人們穿上羊毛織物，樹枝也穿上華麗苔蘚皮草，在光影間，葉影斑斕。從戶外的桌席到古堡裡裡外外的空間，都用苔癬串連妝點。

花材：馬栗，苔蘚
英國，蘇格蘭愛丁堡，古堡私宅

美好關係

由左至右：設計師陳德堅、企業家石恬華、設計師張清平、凌宗湧

「跟著花開去旅行」是我堅持在花店的生意以外，一定要持續執行的長期專案，許多人認為這不過是一種結合旅行的另類花藝課，但對我來說，卻遠不止於此。

從事花藝工作多年，我認為所有的美其實無關技術，都來自於美好關係，不論是人跟自然，亦或人與人之間，透過良善的分工、互動，不需要過多的人為鑿斧，美就自然而然的形成了，我想不斷去宣揚這個觀念，這才是「跟著花開去旅行」持續存在的原因。

身為花藝師，跟著學員四處旅行，對於花藝的觀念也不斷的受到震撼，許多地方若非專程策劃，也不一定有機會造訪，像是在印度，我看到在花市花朵是堆成小山一般趁斤論兩賣，當地人用不同於我們的價值觀來看待花，因此當我看到踩點同事拍回來的照片中，有張市政廳前噴水池廣場的畫面，我就想把廣場當作花器，集合眾人之力鋪一張花毯，當作花藝課的主題。

這件花藝創作沒有設計圖，沒有事先溝通與分工，我只是告訴同學們，我們要集體創作一個大型花藝作品，題目是「生命之樹」，我將成員分為六組，各自區分負責的區域，接著出發到當地的花卉市場，大家根據自己的直覺與喜好採購花材，一個小時後回到被當成「花器」的空地上，開始創作。

大家都覺得，一群沒插過花的素人，僅是在旅行中認識而處在一起，既然分配到這麼大的題目，就應該趕快動員起來，要有個強勢的領導，告訴大家每個人應該負責些什麼；而當地媒體聽到有個花藝旅行團要在古蹟市政廳裡創作，有好多媒體到現場採訪，同學們不免有些心慌的問我該怎麼辦，我卻始終笑而不答。

在創作的過程中，有人會發現別人買的花好像更適合自己的需要，也有人會發現自己購買的花卉數量太少了，根本不夠填滿分配到的空間，或是自己的作品跟旁邊相鄰的太不搭調……毫無疑問的，各式各樣的問題不斷浮現。於是，大家開始自主地進行溝通，需要用到別人買的花材，是否可以進行以物易物的交換？自己買的素材數量不夠，多買的人是不是可以主動提供一些？相鄰兩邊的作品不搭，創作者是否可以溝通，對彼此的作品進行調整？或者，仔細討論後，乍看不協調的作品，可能碰撞出另一種美的可能？

果真，作品跟作品之間，就這麼慢慢的融合起來，他們沒有當過一天的花藝師，沒學過專業技術，卻集體完成了一件美不勝收的大型花藝，當地媒體給予大幅又正面的報導。要擺脫控制的慾望與不安全感，並非易事，但對於美好關係的堅信，一直帶給我許多力量，讓我在花藝路上持續前進。

與光華巴士、藝術家蕭青陽合作，我帶領花藝同學一起用花草植物打造森林巴士，以移動叢林之姿和每個乘客建立美的關係，穿梭城市，讓搭乘者重新想起生活中關於自然與花草的美好。

花材：台灣藜，萬代蘭，山蘇，夢幻蕉，蕨類，草皮
台北，美好關係森林巴士

別害怕改變

「老師，你一定不會相信，前次跟您一起去『跟著花開去旅行』改變了我的人生。」才在餐廳坐定，她就這麼斬釘截鐵地告訴我。

如果按照女同學的人生規劃，她現在絕無可能坐在我的面前。她原本計畫要遠嫁澳洲，跟移居當地事業有成的男友結婚，哪裡知道，在申請簽證時，因為某些緣故，她的簽證沒被核准。

由於預定的人生規劃被打亂，心情極度低落的她，報名參加我的花藝課。在旅程中，她意外地發現自己對於花藝與大自然的喜愛，發現生活中的另一種可能與美好。

「所以，旅行回來後，不再因為簽證被拒感到沮喪，如果大自然可以成就一朵美麗的花，那麼跟著大自然走的我，一定可以找到其他的出路。」她神采奕奕地參與各種花藝活動，並分享她在旅程中的感受，甚至計劃跟同好一起開家美麗的花店。

「不如，你去找另外一位更適合的女孩吧！」某天，急著結婚的男友從澳洲趕回來見她，她以平淡的口吻對他說。

男友急問她原因，她說：「因為我發現，『結婚』與『移居澳洲』不是我目前生活中的追求，我有其他更想做的事，有想要追求屬於生活的美好。」「就這樣，我走上一條截然不同的人生路。」這是她的結論。

我從沒想過，一趟旅行可以帶給人這麼大的影響，但若能真能這樣，不也挺好？畢竟，人的一生都在尋找一條屬於自己的道路，一種開心的生活方式。

人生如花，自有美好。

P236

在大自然被折斷的櫻花樹，當地好心人用卡車協助載運作為花開旅行課堂上的材料，讓斷掉的櫻花得以再次被運用，重新被看見她的美。

日本，金澤「跟著花開去旅行」

Photo Credit：Ivy Chen

石川400
た 25-78

在印度亞伯特市政廳博物館中庭廣場，我與學員們即興創作共同完成了的「生命之樹」花毯，讓印度市政府、媒體都驚嘆連連。

印度，齋浦爾（Jaipur），「跟著花開去旅行」

Photo Credit：Ivy Chen

還是開花店

CNFlower 西恩團隊的凌宗湧 Alfie Lin 和巴黎花藝大師 Baptiste Pitou（圖右）合照於夏海花園（La Chéraille）。

我現在擁有一群美好的花藝夥伴，我相信我不只是個花藝師而已。

「如果有天，我們都變成有錢人，不再需要為錢工作時，你想做些什麼？」我的合夥人這樣問我。

我認真思考這所有人都曾夢想過的問題，幾秒後，我笑著說：「開間美麗的小花店。」

「有錢之後，還開花店？」

「當然。」

「那跟我們現在做的事有什麼不同？」

「是沒有什麼不同。」

聊到這裡，我們不約而同地笑開了。

可以認真做好自己喜歡的事，並讓大家感到開心，就是我能想像最美好的人生！

還能有什麼樣的生活，比這更令人嚮往的？

P242

我的夢想，始終如一，仍希望將最美的花店開在世界的每一個角落。

Photo Credit：Ivy Chen

美學

相對論

葉怡蘭

凌宗湧

美的任性與現實

葉怡蘭
飲食旅遊生活作家

《Yilan 美食生活玩家》網站與「PEKOE 食品雜貨鋪」主人；怡然生活創意出版部總編輯。寫作與研究領域橫跨飲食文化與趨勢、食材、茶、酒以及旅館、生活與器物美學。文字與攝影作品散各地各大華文媒體。

兩位的工作都跟美有關，卻都不是相關科系出身，你們的美學啟蒙源自於何時？

葉 其實我從小就沒什麼美術天分，我指的是美術的「術」的部分，從小就不會畫畫，上美術課的時候都很挫折；直到高中，我碰到一位美術老師在課堂上講美術史，這門課讓我興奮不已，也讓我開啟了對藝術的理解，開始找很多相關的書來看。所以我的美學啟蒙並不是從視覺開始，而是從我有興趣的文字得到啟發。

現在回想，詩詞歌賦小說，中國古典文學的閱讀是建立我日後審美觀的根本。像我崇尚簡約，不喜華麗繁複，也跟文學中體會出的意境有關，中國有一系列的文人對於田園簡樸生活充滿嚮往，像是陶淵明、王維，「採菊東籬下，悠然見南山」；「澗戶寂無人，紛紛開且落」，這不僅只是視覺上的描寫，也是一種禪境。

回溯童年，文字開啟我的美學視野，應該是從小學六年級讀了《紅樓夢》以後開始，常有陌生的讀者因為看到我寫的文章，吃的用的住的盡是美好事物，會以為我是出身有錢人家，我常開玩笑解釋：「我們家不是豪門，可是我的確從小跟豪門一起長大，這個豪門就是《紅樓夢》裡的榮國府。」

紅樓夢透過文字所建構的世界非常美，它產生的美感來自於文字描述自然的方式，春、夏、秋、冬、花、風、雪，園林、居室、亭閣、奇石，乃至於生活的器物與食物的陳設，在年少時帶給我巨大的想像，於是我一次又一次的讀，讀到很多篇章我都會背，至少有二十次以上。

《紅樓夢》等於是一本半自傳的小說，曹雪芹非常寫實的去描寫他生長環境的細節，像是大觀園裡有兩個住所是讓我非常嚮往的——林黛玉的瀟湘館什麼都沒有，只有竹林的綠；另一個是薛寶釵住的蘅蕪苑，裡面只有石頭和香草植物，絲毫沒有花花綠綠。這兩間房跟賈寶玉住的怡紅院那一整個紅香綠玉，以及大觀園外榮國府裡的富貴有極大的落差；但這一切繁華豪富，到最後卻「落得一片白茫茫大地，真乾淨」，這又是一種禪境。

我因為紅樓夢開始看畫冊，看建築圖集，讀佛書，從讀佛書的過程認識禪宗，再從學習禪宗被導引到認識日本茶道，年復一年不斷的堆疊養成了自己的審美觀，究其根源就從紅樓夢開始。

凌 我倒沒有像怡蘭這樣，被某本書或某個特定事物如此深刻的影響，怡蘭說她的美學啟蒙是「文字型」的，那我應該算「視覺系」。我從小功課就不好，從小學三年級開始，我就知道自己不是那種可以拿好成績的好學生，最大的優點就只有手巧，對好玩的事物充滿好奇心，有點小聰明。但在我們那個年代，父母並不會覺得「手巧」這件事有什麼前途，一直混到高中畢業，我爸說你只有高中學歷是不夠的，就算考不上大學，你去唸個五專吧，起碼有大專學歷。還好我吊車尾考上輪船機械科，但其實我一點興趣也沒有。

退伍後我先是到快遞公司當送貨小弟，做了一個星期，有天晚上，時間已晚又下雨，我在送貨的路上突然自問，這份工作之於我到底是什麼？只是為了獲取報酬？我有熱情嗎？後來有個朋友介紹我改去花店送貨，第一天上班就碰到前面提到的「送花小弟的一天體悟」，就從那天起，「送花」這份工作讓我覺得，原來花藝不只是眼睛看得到的美，還有一些人與人的情感連結。我後來想想，正是這份眼睛看不到的美，一路讓我走到現在。

當然會做花藝這份工作，自然是喜歡視覺上的美，但我心目中真正的美，不只是一幅漂亮的畫面，會是比較經得起時間沉澱、比較經典的事物。這樣說起來很抽象，但其實說得直白一點，就是「看見一種很舒服的狀態」，就像為什麼大自然很美？因為處在其中可以很舒服。

就有如在我的空間或我的花藝作品，總是會存在很多「老的器物」，許多朋友以為我對老物件很著迷，但其實我不是因為這東西老，或這是什麼古董名牌而喜愛，我追求的只是這個物件本身所帶來一種讓心情舒適愉悅的狀態。所以我很怕別人說我是XX流或XX派，那並不是我，也不是我認為的美。

宗湧談到老物件，兩位的作品或生活中都有，請都進一步談談老物與生活器物之美。

葉 我沒有收藏癖，因為我不戀物，可能是因為第一本書就是寫關於生活雜貨的主題，所以往往被當作戀物作家，但其實我戀的不是物，而是生活本身，所以我買物件是為了使用它，而不是蒐藏，對老物件也是如此。

但的確我的生活中沒什麼新東西，我們家買任何新的東西都要斟酌再三，實際上我最留戀的物件都跟了我很久，老物沒有新的尖銳，被歲月磨光稜角之後，本身是溫潤的，與老物件相處，我很容易維持在一種安靜的狀態。我喜歡的老件往往是前人所使用過的器物，像我有個老茶盤，原本是畫家于彭的作品，當年有家畫廊叫「彩田」，辦了一個展把藝術家隨手畫的器物拿出來參展，像是這個茶盤，就是于彭隨手把他用的茶盤背面畫上打坐僧侶及山水，造型非常簡約優美，我只花了幾千塊就買下來，至今用了二十年，我每天都用，日積月累茶水浸潤讓顏色越來越美，每天泡茶的時候用手撫觸著茶盤，讓我感到很安心很踏實，日日不可或缺。

像這次重新改裝住家，我就在專賣二手舊貨的唐青古物店新添了一張孔雀椅。孔雀椅原本是歐洲的形制，但台灣的孔雀椅因為展現的是日治時代的洋風，所以帶點和風的簡練，但椅面卻又像是一個圓板凳，呈現出很台灣在地的氣味。我多年來一直想要一張孔雀椅，因此看到後非常欣喜，一張五千塊的價錢完全沒有討價還價就搬回家，結果研究台灣民藝的專家楊凱麟寫信給我，問我從哪裡買到這張椅子，這是一張造型非常少見難得的孔雀椅，我把買到這張椅子的過程跟他分享，他直呼不可思議，因為他常經過唐青古物店，所以他說果然古物是會挑主人的，能不能買到都是看緣分。

現在這把椅子放在我們家的餐桌角落，主要用來放點小物件，不經意的看一眼，心情就會沉靜下來，它所蘊藏的歲月與歷史，很自然而然就成為生活中一種小小的安定的力量。

凌 老物跟人會有一種情感的連結，我們公司花器很多，經常會內部舉行拍賣，公司裡有個老的花槽，以前應該是農家拿來當餵動物飼料的木槽，我後來把它當成花器，這木槽每一年都有同事問是否能割愛，我始終不賣，可能就是像怡蘭講的，老器物有一種安定心情的力量，這花槽就在一個角落，已經成為公司裡不可或缺的一道風景了。

我的老物也是拿來用的，有些人對待老物件的態度很謹慎，不能改變外觀，連上漆都不可以，我比較隨性，我爸爸有留給我一個樟木箱，幾十年一直跟我到現在，年輕時候我怎麼看這個箱子都不美，所以我就做了些改造，當時流行希臘風，我就把箱子上了白漆，再把它磨成舊舊的感覺，我記得一九九八年我的動手改造住處，第一次上雜誌封面，這個木箱就是改造的成果之一。後來我搬了好幾次家，這個箱子也變得沒那麼好用，所以我又做了一次改造，加上了四個輪子移動，箱子上可以放東西當茶几，打開裡面的空間拿來收納沙發椅套。

兩位在社群上面都各自有粉絲，也都對你們的生活細節充滿美的元素很嚮往，你們在生活上有什麼講究？

葉 我很認真在經營我的日常，但目的不是為了要貼臉書，有很多朋友不了解這點，常會問我在臉書上的一日三餐，為什麼不多放一點照片？我常想，要是像美食部落客一樣一頓飯拍幾十張照片，豈不拍完菜都涼了？我只放一張照片的原因，就是我想趕快吃飯啊（笑）！

對我來說，這些紀錄就是每一個生活的瞬間，我很討厭重複的事，吃一頓高檔壽司我三個月內都不想再吃到壽司。為了讓自己處在舒服的狀態，就是每個細節都需要認真對待，做菜得變花樣，盛盤很多人隨手抓個盤子就用了，但我總會多花個幾秒鐘想一下，哪個盤子昨天用過了，今天換個盤子，或今天的菜以直紋搭配很美，讓生活中的每件事都是在自己喜歡的狀態下，這可能是我唯一的堅持。

凌　我發現被別人羨慕的事，都不是我刻意去做的，一直以來都是這樣，像之前說我的住家都被雜誌拿來當封面，當時我是住在一個頂樓加蓋的空間，年輕的時候沒錢，就自己動手改造，並不是為了雜誌要刊登，我只是想做出我覺得在其中生活會很舒服的空間而已。後來我到汐止的山上租下一個農舍來改造，被《商業週刊》做了一篇專題。

單純是因為我有嚮往，就自己動手；後來我發現，大家腦海裡或許都有很多想法，但能夠動手落實的卻很少，我只是覺得這是我要的，也沒想太多，就花錢花時間花力氣去做出來。

那間汐止的房子，來參觀過的朋友很多，很多人訝異只是租的土地與房子，我卻花一百多萬來改造，他們都比我有錢，買一輛車可能就夠我改造兩三棟房子，但他們卻又都羨慕我擁有這一方天地，是豪宅名車都換不到的，我覺得這就是初心的力量。

我始終覺得美是一種狀態，不是漂不漂亮的問題，是你有沒有進入到那個環境裡，美是生活出來的，不是你把哪些東西擺在一起拍張照片，這就是美。所以我對美的定義就是經典，能夠經得起時間沖刷，像是我幫很多飯店做花藝，我心目中最美的飯店，都是運營很久，長達十幾二十年的，那樣的空間不只是光建築，植物會隨著時間成長跟環境融在一起，裡面的工作人員、客人，整體形成一種讓人舒服的環境，這就是美，也是經典。

每個時代都會有各自的流行，如果我們只是用眼睛看，就很容易只看到過時，而看不到經典。像我，因為每天跟花草接觸，我也曾討厭過某些花材，但過個幾年重新再看，會有新的體悟，我發現不喜歡某樣花草，不是植物的問題，是看的人自己的問題，是我的問題。

葉 的確沒錯，我們很容易因為某種經驗或價值，來判定喜不喜歡，像我年輕時因為讀《紅樓夢》非常喜歡菊花，看書裡的賞菊會與菊花詩，簡直美到不行，但因為喪葬場合的關係，我心裡有障礙，家裡很少擺菊花。前幾天我在家附近花店看到綠絲菊跟牡丹菊，一時覺得非常美，呈現出我從沒見過的菊花樣貌，買回來插在餐桌上，怎麼看都舒服。讓我不禁反省，年輕時那麼喜歡菊花，卻又避開它十幾年，這應該不是一種正確的美學價值觀。

凌 就我以花藝為業的人來說，要用花去符合工作上的需求與客戶的喜好，這是一種本能，也是一種經過訓練的技術，但其實跟我年輕時候賣襪子是一樣的，我可以把花（或襪子）賣給客戶，但客戶買單不一定代表美，那只是眼睛看到的部分，對我來說，讓我不由自主地產生喜悅感，比較像是我對於自己作品美不美的定義。

所以你們會有自己的美不被他人（或客戶）了解的時候嗎？一定很多人問你們怎麼打造出屬於自己的品牌這類的問題吧。

凌 只要被問到這種問題，我都說我超不會的，因為每次只要我想用心經營品牌的時候就會失敗（大笑）。

葉 我也是，我在公司裡的角色就是要任性跟耍龜毛的吉祥物（笑），像公司裡有些事是不會讓我做決定的，像是定價跟挑顏色，例如說我們超級熱賣的月兔印琺瑯壺，當初下訂時我只敢弱弱的說，紅黃藍之外，可否至少進一款咖啡色，算是我自家要用的保留款？結果這顏色果真賣最爛，偏偏這壺出現在我的餐桌上，大家又都說很美。要進LC鑄鐵鍋櫻花粉色系列的時候，同事叫從來不碰粉紅色的我閉嘴不准干涉，果真這個系列賣到翻過去。

凌 我們的狀況非常像，在經營公司的過程，我也學到自己的喜好不代表大眾的喜好，我跟我的合夥人都是屬於感性的人，難免我們都有押錯寶的時候，但重點在於你想不想做這件事，這點很重要，因為就算失敗了，你也不會認輸與後悔。

葉 沒錯，有時候撐一段時間過去就會被市場了解，我們有數不清這樣的例子，但我堅信有一些事是絕不能退讓，例如說七年前我們開始賣堅持不添加玉米澱粉的純米米粉時，消費者是無法理解的，因為不但貴，而且炒的時候非常容易斷裂。我的堅持很簡單，因為我從小不吃有玉米澱粉的米粉，也不希望消費者吃，假米粉新聞一出來，突然之間我們家的米粉就賣光了。

在經營上，
誰是拉著你們理性與感性的那條繩子？

凌 很多人說我是藝術家，但我其實沒有那麼強烈的藝術家性格，藝術家是完全的自我，要其他人的犧牲來成就自己，我會自己拉著自己，而且還會扮演那根繩子，我們公司有很多年輕的夥伴，都是喜歡花且立志要成為花藝師而加入的，他們常常覺得要對自己喜歡的東西堅持，完全不對商業妥協，我常常發現，哇！怎麼一堆「以前的我」都跑出來了！所以我常常跟年輕同伴講，我們堅持想表達的事，但結果由市場機制決定，不要一直跳腳說沒人看得懂我。

葉 到後來會發現，要維持在一個舒服自在的狀態，不代表你可以一直任性，反而更要充分理解現實，同時具備跟現實打交道的能力，比方說很多人不知道我們公司有在經營代編刊物業務，但其實早年我們是用代編的獲利去維持我在 PEKOE 一直堅持的、營運成本很高、不那麼賺錢的任性。美的背後，是需要有很多現實條件去支撐的。

江振誠

凌宗湧

越 Local，越 Global

江振誠

Raw 餐廳創辦人

曾被《Discovery》頻道選為「亞洲十大最佳青年主廚」、《時代》雜誌讚譽是「印度洋上最偉大的廚師」，並獲選為「全球最佳一五〇位名廚」。於新加坡創設的餐廳「Restaurant ANDRÉ」（現已停業）和台北的「RAW」，皆入選米其林美食評鑑指南。

凌 Noma 紅遍全世界，不只是廚藝，連他的美學都是，北歐風格變成一個顯學，但我覺得，台灣就不是北歐啊，為什麼要去模仿北歐？這樣就算做得再好也不會被全世界看見，我們到廚藝上不能讓台灣美到讓全世界刮目相看嗎？

江 從我的角度來看，台灣欠缺的是一個好的辭典，一種解釋生活的方式。我說的這個辭典是可以跨領域的，例如說一個用海拔高度來分類的生態系，同一個高度裡有動物、植物共存，我們現在通常只吃其中一樣食材，例如夏天到了就瘋狂吃竹筍，然後要搞非常多種吃法，有沒有可能當我們深入去了解一個海拔的生態系之後，可以讓我們吃的東西很不一樣，整個創作的來源有了根基，這就是我說的辭典，讓菜有更多可能性出來。

植物會生長在一起都是有原因的，尤其是有機農法，要不靠噴灑農藥施肥來生長，要不就要倚賴大自然生態的均衡。有次我去日本參觀葡萄園，我發現葡萄樹底下會長酢漿草，當然他們也可以搭配一起吃，而且很有趣的，會吃到芒果的味道。這兩種植物為什麼長在一起，你必須去解釋他，搭配出來為什麼會是一種新的味道？從這裡面我們就有話語權。

凌 台灣有很多跟別人不一樣的地方，就像 Andre 講的，如果我們用立體的角度來看，從北到南由低到高，會有很多有趣的面向。有一次我跟華梵大學的老師與學生一起去採雙扇蕨，這是一種非常古老的蕨類植物，老師說瑞士的植物學家來到台灣看到幾乎落淚，他以為有生之年看不到活體的雙扇蕨，我上網查了資料，的確這種植物就只有沖繩、台灣、菲律賓一帶有，存在已經有兩億年，像這樣的機會，我們創作者就應該把握去發表。

其實很多時候我們的美學觀都被制約了，以前我住在山上的時候，那時還會想，如果門口有一棵櫻花樹，那該有多美？但明明我們家出口就是一棵大榕樹，這時我就在想，到底是我有問題？還是樹有問題？為什麼我會覺得櫻花比榕樹美，但那些從國外來我家的朋友，都很感激家裡有一棵大榕樹？我當時就覺得，不對，是我的美學觀被制約了。

江 對，現在世界的趨勢就是，當你越 Local（在地），就越 Global（全球），當我們一直往下挖一直深究出來的東西，恰恰是其他地方的人最想看到的，就像當所有人都在講白蘆筍松露伊比利豬，我都沒有，就只有深坑豬！為什麼？因為問題不在環境好不好、有沒有好食材，我希望 RAW 不是只取悅少數人，餐飲科系學生、上班族、名人大家都能吃得懂，你以為我會定價五千塊一餐，我就偏偏賣一八五〇還讓餐廳賺錢，重點只有一個：廚師夠不夠用心。

所以我常跟同事講，廚師跟其他的創作者來說有一點很不同，我們是團體工作，絕對不是靠神來一筆，廚師要懂很多，就像你看過整本辭典，你有很豐富的詞彙，可以透過了解食材特性與做菜的技巧，翻譯給客人，如此一來，既便是深坑豬，只要你有翻譯的本事，客人吃到你的菜會很感激你。

凌 你什麼時候開始對作品的美感有自覺？你的盤飾有呈現的標準嗎？

江 我覺得就是當你開始有第二個想法出來的時候。以前當學徒，主廚叫你做什麼就做什麼，你不會有第二個想法，主廚也不希望你有，就是按部就班；但是我的經驗是，當你同一件事做了一千次以後，會開始越來越熟悉，你會開始理解這東西的美感所在，這時候你就會開啟第二個想法，怎麼變一下會更美。

我的作品沒有固定的標準，如果硬要說，其實每一種擺盤方式都是一種心理學，就拿牛排來說好了，這裡面一定有最好吃的一塊部位，我的擺法一定思考到客戶使用刀叉如何方便，第一口就會吃到這塊最精華的牛排，簡單說，我的盤飾必須要控制客人從哪裡開始吃，你希望他的重點擺在哪裡，接下來從這裡延伸顏色、溫度、結構，怎麼出菜，像是要不要蓋蓋子這種細節，就像你做花藝，你一定也會設定一些像相機一樣的觀景框，消費者第一眼是往上看還是往下看，對不對？

凌 Andre 講得很深刻，進一步講，這是外觀與內涵的差異，有些朋友會跟我說，現在很多花店都長得跟你很像，你會不會需要調整錯開？我就跟他說，試想今天有兩個都很漂亮的女生站在你面前，你會因為更漂亮一點點而跟某位女生交往嗎？我覺得一般人的審美都有一定的標準，美到一個程度大家都差不多的時候，就是比內涵了，商品也一樣，如果其他花店外觀都很漂亮，這也很好，大家就來比內容了，就像剛剛 Andre 講的心理學就是內容，如何解釋食材生態系也是內容。

這件事還是回到了我剛剛講的櫻花與榕樹的差別，如果你可以把榕樹解釋得很好，榕樹也美。就像小時候我們家開雜貨店，我媽媽老是騎著摩托車，三輪車上面堆滿了貨，年輕時覺得自卑，就覺得那樣很醜，但我們到越南或印度的街頭去看，就會去拍這樣的照片分享，覺得這很真實很美。這件事我也想了一陣子，後來我用一個作品來解釋，我在上海 TED 演講的時候，就用老三輪車當作花器做了一個花藝作品，這個作品不是只是賣弄一個老物件當花器的技巧，也是在解釋我心中美的價值觀，我覺得要有這樣的內容對創作者是很重要的。

江 其實廚藝跟花藝有一個很類似的地方，如果我們的作品被稱之為藝術，我們在做的事可叫做 **instant art**（即時藝術），都是一種短時間的存在，不會有全世界最好吃的一盤菜，或是全世界最美的一盆花，它只是存在某個時刻你想要的畫面或體驗，隨著時間不同就會不同，簡單說就是生活的一部分。

很多人說這叫做生活美學，我覺得這四個字太過被濫用，我自己有一種不一樣的解釋，我覺得生活美學有四個階段。生：每個人的出身不同，生下來不同的環境賦予你不同的美學起點；活：當你長大了之後必須要活下來，要存活必須要有一個技能或工具；美：當你有個工具活了下來，你會希望你的工具是有品牌的，是美的；學：當很多東西我們都擁有了，你會發現生活當中可能有三成五成的東西都是不需要的，你就會學到真正要的是什麼，屬於自己的美而不是別人眼中的美。這四個階段都有美，但每個階段都不同。

我常在想下一步可以來做教育，不是教你一隻雞怎麼烤的技術，廚師要懂的東西太多了，有時要當農夫，要當藝術家，或是科學家。我們去年推一個甜點，裡面有種食材叫接骨木花，這種材料外面叫不到，所以我們廚房裡的小朋友就利用休假，開車到山裡面去撿，這就對了。廚師絕對不能只會切東西炒菜，然後打電話叫人送幾公斤的什麼東西過來，這不是一個廚師該有的養成。

一個好的廚師應該是五感全都被打開，不管任何一個地方的食材或料理手法，你都有辦法加以吸收，變成你自己的東西。

凌 我常在想一個問題，如果今天我不是出生在台灣，有可能我不會得到一些成功與肯定，今天我的花店可以算得上大致穩健，可能是因為在台灣像我這樣的花藝師還算是少數，如果把我放在日本或歐洲，像我這樣的觀念可能就沒那麼突出了。所以我一直想要告訴對花藝有興趣的年輕人，要先看懂一片葉子再來談插花，千萬別先跟我講，老師我想學做出來像你的作品一樣，因為捧回去很多人鼓掌拍照好看，我都會說這樣的話別跟我學，因為我的作品不是最美的。

江 我跟宗湧在價值觀上有類似的地方在於，今天客人有五百塊預算我可以做，五千塊也可以做，但是都美，對我來說，為什麼只有米其林才叫做美？美應該是沒有價格之分的，就像一盤菜裡每一種食材都是不可或缺的，就像我的餐廳請宗湧插花，我不會去算他用的材料是貴還是便宜，而是他帶來的感覺是什麼，我們一定要擺脫一斤多少錢的那種觀念，不要去算為什麼你用這麼便宜的樹皮，應該多給我一點牡丹花……觀念擺脫了，你才會去感激創作帶來的美。

凌 我前一陣看報導你在日本青森做的米香冰淇淋，就感覺有翻轉這個觀念。

江 是啊，雖然青森的物產豐富，但我覺得米一直以來都是配角，一定要拿來搭配什麼，如果我今天什麼都沒有，就只有米，能不能把它當作主角，還要做出不同的層次？這很酷，所以我就做了一道只有米的甜點。花材也有啊，你可以考慮下次只靠滿天星做一個花藝，它也永遠是配角。

凌 大家提到滿天星其實都有點帶著貶抑的玩笑，以前紅玫瑰配滿天星的年代，但我去英國的時候，第一次看到滿天星長在土地裡的樣子，整片滿天星田簡直美呆了，就像白色的浪花一樣，如果你看過這種美，就不會認為滿天星只是配角了。

蔡舜任

凌宗湧

真實才是競爭力

蔡舜任

油畫及木構件彩繪修復師

蔡舜任藝術文化有限公司負責人。台灣第一位在佛羅倫斯「烏菲茲美術館」修復文藝復興大師喬托原作的油畫修復師，曾受邀於義大利、荷蘭、美國等地進行國家級珍貴藝術品的修復工作。二〇一〇年返台後致力於推廣文物的保存修復觀念、參與台灣廟宇的彩繪文物修復。

凌 你是學美術出身的，選擇不當畫家而當修復師，會不會有一點成就別人而非成就自己的想法？

蔡 其實不會，如果我繼續畫畫應該也沒辦法在這邊跟大家聊天了（笑）。其實我只是走一條跟別人不太一樣的路，那時也沒想到學修復要在義大利待那麼久，但如果只去兩三年就回來，根本學不到東西。

凌 為什麼想回台灣？

蔡 十幾年前剛出國的時候有想過，如果有天學成，台灣修復的環境也慢慢成熟，或許可以回到家鄉做一點事，二〇一〇年左右台灣開始大面積的都更，學界也意識到時間的緊迫性，相關科系開始陸續設立，二〇一二年開始，我在台藝大的古蹟修復學系開課，這個系成立近十年卻沒有專業的修復師資，因此我為他們設定了正規的修復課程，也規劃建立了一個完整的修復實驗室。

但修復這門專業跟現行的教育體制在銜接上是很衝突的，我課堂上要求從基礎功練起，學生要在試板上進行一到兩年的訓練，至少是三到四個學期，例如修復裡面的全（補）色，或是認識材料、熟練儀器使用等，但系上卻覺得只要會畫畫就會補色，會動手就可修復。事實上，畫作的全色在詮釋的過程有許多細節，準確的線條與點的練習，就務必投入許多的時間，細節沒做到，就會像我們的廟宇，打著現代修復的名號，卻由沒訓練好就帶出去的學生著手，根本是破壞古蹟，而不是延續它們的壽命。一年多後我便離開了這個科系，想用自己的方式來傳遞修復的專業，恰巧碰上了業主拿門神給我修，有機會實際接觸台灣的在地藝術，那是小時候常在廟裡看到的東西，卻藉由修復重新開始學習認識它們，將自己歸零再學習前進。

凌 你在義大利修很多東西都動輒五百年，台灣則是幾十年一百多年，我很好奇一件事，對你這樣的專業人士來說，多老才算是古蹟？什麼樣的東西才值得修？修復背後的原意與目的是什麼？

蔡 我第一次在義大利街頭聽到「修復」這個字是出自一位國中生的口中，因為 Riparazione 這個字是指一般常民生活器物的修理，而 Restauro 就專指藝術品、文化資產或古董的修復，對他們來說，這是國中生就懂的事，修復就在日常教育和生活中，就像花藝也是生活一樣，不特別是誰才可以享有的。我們現在講的時尚，是指這個時代最流行的樣式，古蹟則代表某個年代最流行的事物，如果沒有修復這個行業，即使我們不遠千里飛到歐洲，也無法看見完整的歷史。

其實對於古蹟的認定可以分兩方面談，一是政府或學界對文化資產保存法的解釋，二是一般民眾的認知與理解，我舉個簡單的例子來說好了：

有次我帶七八個研究生去開基某某宮上課，準備幫廟裡修復一批物件，「開基」顧名思義就是指最早的，據說有兩三百年的歷史；我們進廟後，學生很自然的開始搭梯子準備相機與其他設備，就當他們準備要開始拍照記錄時，我把他們都叫下來，「你們現在在拍什麼？」我問。

學生理所當然的回說：「我們在拍古蹟啊，老師。」於是我又問，「那麼這某某宮有多久歷史？」「三百年左右。」學生指著壁上的石碑文；我揮了揮手將他們帶到廟裡的紅柱旁，「三百年前會有鋼筋混凝土的柱子，上頭木構件的雕梁畫棟，也不像三百年前留下的吧？」我作勢敲了敲那硬邦邦的水泥紅柱；一群研究生被這麼一問，或許才開始認真思考，一直以來他們做田野調查，這些對象究竟算不算是古蹟？

我們知道有句話叫「光耀門楣」，所謂門楣，就是官做越大香火越盛，就會將建築越修越高大，而很多廟宇都有著十年一小修，二三十年一大修的潛規則，這是木造傳統建築的特色，我們的廟宇彩繪是中國南系建築的特徵之一，彩繪的主要目的一來是為了保護木質結構，二來則是美觀或傳播訊息，即便文盲也可以從圖片上的內容獲取一定的資訊。建築的結構及其上的彩繪，都隨著時代及人事物有所增減或改變，重要的是它是否成為環境中留下當時人文、社群、經濟、科技等事物的載體，學生們似乎才理解他們不能只依靠年代去判定建物的古蹟價值與身分。

所以宗湧問的這個問題其實很大很深，台灣目前修訂後的文化資產保存法，比較大的突破是把紀念物跟古物分出來，就拿天后宮來說好了，就算建築物重新修過了，裡面會不會有些珍貴的古物，讓這棟建築物更具意義，而不能隨意去破壞它？我想這都需要政府與一般民眾的觀念上與時俱進，才會對古蹟修復產生正向的動力。

凌 我最近發起一個案子，幫一個老市場做改造，也碰到類似的問題，到底美化是什麼？是把舊的東西換新？還是回頭複製傳統？舉個實例，就像店家原本用塑膠籃子裝菜，我們有需要改成木頭籃子嗎？如果用塑膠籃子裝菜是這個市場歷史的一部分，我們有沒有可能保留這個事實，但同時讓它更美？就像有些古蹟說有上千年的歷史，但很多地方是打掉重來的仿古，我們到底該在新與舊之間，取得什麼樣的平衡？

蔡 我在亞洲大學教課，學校裡的美術館是安藤忠雄的作品，我上課時就帶學生看他其他的作品，像水之教會、光之教堂，當簡報關掉後我問學生，安藤的建築美嗎？學生都說好美喔，好想到現場看喔！但我接著問：「如果這些建築旁的樹林、海景都消失了，還美嗎？如果安藤的清水模建築被市中心雜亂的招牌圍攻，你還會想去看嗎？」

在義大利學藝的時候，有一件事很有趣，師父會定期帶著我到佛羅倫斯南邊的城市 AREZZO，也就是電影《美麗人生》的拍攝地點，每個月有一次大型的古董市集，攤商的貨都是秤斤批來的，他們會將可以賣的物件選過擺上，但畫作大都積了厚厚的塵垢，顏料因為年代久遠老化暗沉，有的破裂變形；師父常瞄了幾眼後，就要我去找出兩張十六世紀的畫來。

每張畫都破舊不堪，怎麼找？當然，你要對當地的藝術熟悉，十五、十六世紀屬於文藝復興時期，到十七世紀就是巴洛克了，對不同時期的畫家熟悉，至少要知道上百位藝術家的作品風格與歷史脈絡，才有本錢在這古董林立、老狐狸充斥的市場上與人周旋。作品老了不透光，用看的也不一定看得出什麼，所以有時嗅覺、觸覺就變得異常重要，在古董市集你能夠使用的工具有限，大都就必須靠個人的經驗和五感去判斷。全世界的古董商都精明得很，在義大利若你一副東方人新手模樣，就常被抬價。跟著師傅走多了，我就曾以四百五十歐元買到塵垢下其實狀態很好的老東西，回去整理後再以一千多歐元賣出。

其實，我們一直說美學是什麼、該怎麼教，但我認為生活本身就是美學的根本，名廚江振誠說，他為什麼要在法國學藝那麼長時間？因為他想要徹底參透法國人的味蕾；而對我來說，我也沒有義大利人的視網膜，所以就必須投入長時間並努力的練習揣摩。所以宗湧的問題在我看來，每個地方的美學都不一樣，但一定是反映出在地的本質，而不是外加模仿的那些東西，我們在修復老物、呈現傳統的時候，不論新舊，其實大原則也就是作品的本質而已。

凌 台灣對於自己的美學是很沒有自信的，我們常常會聽到一些大師在抱怨這裡醜那裡醜，鐵皮屋很醜、招牌很醜，老房子就要拆了都更，最好全部都變成像信義計畫區那樣才叫美。我前陣子去參觀大安路巷子裡的一家飯店，業主利用都更的審查期，把原本是員工宿舍的連棟公寓改造，房間的窗景打開就是隔壁老公寓的鐵皮加蓋防火巷，我太太問我，如果這樣的飯店出現在曼谷，你會不會去住？是想住這種飯店，還是五星級大飯店？這讓我有一番體悟，因為真實，所以會讓我看到另一種美。

我太太的工作是攝影師，她的日本導演朋友在臉書上貼了一張國宅門口的照片，各式各樣的電線在門口繞啊繞的，他留的標題是：「可愛的台灣」，我就問他說你心目中台灣的美好真的是這樣情景嗎？他說是的，日本人心中這就是屬於台灣的美，很多外國人也都看到這一面，他們喜歡台灣的真實與人情。

模仿不會是我們的競爭力，真實才是。我們的強項是做蚵仔煎，就不要想把它做成法式料理，你用最好的蚵仔，一百塊一盤我也會跟你買，從裡面我會體會到最愉悅的快感，而不是把錢花在設計師的裝潢費或連鎖蚵仔煎店的品牌經營費。

蔡 是的，我很同意宗湧所說的真實，而真實就是我們日常的風景、日常的生活。

我們常問為什麼歐洲的教堂這麼美？因為這是那個時代最有錢的人、最有能力彰顯自己權力及美學的地方，從這個角度來看，在台灣就是廟了，所以我們的廟宇裡怎麼會沒有好東西？很多時候只是我們自己忽略了。

大家常問我為什麼修門神？門神跟油畫有什麼關係？其實在畫布出現之前，油畫就常畫在木板上，我們檢視門神的工法，由選木開始，之後於其上披麻、補灰、打底、上面漆，然後開始勾勒線稿並上色、安金，雖然東西方使用的材料不盡相同，但工序非常類似，這樣的巧合，再配上台灣特有的圖像畫面，令我覺得這真是世界級的藝術品，非得盡心修復才是。當然，台灣仍有人還認為，這些畫師用的材料只是水泥漆或便宜的油漆材料，上不了檯面，一定要用所謂的礦物彩或是高價的顏料才行，我的問題卻是，若一位名不見經傳的畫家，用全世界最昂貴的顏料創作，對照畢卡索等級的創作者卻只用原子筆作畫，你會想收購誰的畫作？

我們前陣子剛完成一個案子，是雲林西螺張廖家廟的正殿彩繪修復，這是柯煥章在八十多年前完成的。柯煥章是鹿港郭派的異姓傳人，在修復的過程中，我們在一般雕梁畫棟的更高更深處，發現了他許多異於一般廟宇彩繪主題的傑作；透過這些圖像和附加的詩詞，我們開始了解，柯煥章並不僅僅只是一位廟宇畫師，他鑽研吸收了西方油畫的透視法，同時研究中國水墨及日本江戶時代繪畫技法，同時能題詩作詞，從張廖家廟留下的作品便可窺得。一般人在下方所看得到的部分，他就照一般傳統要求去作畫，但邊角深處，他便發會所學，創作許多屬於自己的東西。當時蔣勳老師也爬上工作平台欣賞柯煥章的作品以及他寫的詩詞，凝神嘆道：「他真是文彩並茂，一位偉大的藝術家。」

如果我們只是將柯煥章等輩的人當作一般廟宇匠師，循著做足文字搬移工作而生的論文或書籍去了解他們，就算修好了也只是表象的延續，無法顯現其精彩的內在，但對我們而言，柯煥章就是藝術家，他的作品必須以修復藝術品的態度及細緻度去對待並恢復，透過修復讓更多人看見其作品的本質及價值，這才是作為一位修復人應奉行的原則。

每日
美日

作　　者　凌宗湧
視覺構成　Ivy Chen
圖片提供　CNFlower、Ivy Chen
文字協力　涼風徹
封面設計　犬良設計
內頁設計　犬良設計
編　　輯　韓嵩齡、莊樹穎

行銷企劃　洪于茹
出 版 者　寫樂文化有限公司
創 辦 人　韓嵩齡、詹仁雄
發行人兼總編輯　韓嵩齡
發行業務　蕭星貞
發行地址　106 台北市大安區光復南路 202 號 10 樓之 5
電　　話　(02) 6617-5759
傳　　真　(02) 2772-2651
讀者服務信箱　soulerbook@gmail.com
總 經 銷　時報文化出版企業股份有限公司
公司地址　台北市和平西路三段 240 號 5 樓
電　　話　(02) 2306-6600

第一版第一刷　2020 年 1 月 3 日
第一版第七刷　2023 年 4 月 26 日
ISBN　978-986-97326-6-6

國家圖書館出版品預行編目（CIP）資料

每日美日 / 凌宗湧著 . -- 第一版 . -- 臺北市 : 寫樂文化 , 2020.1
　面；　公分 . --（我的檔案夾 ; 40）
ISBN 978-986-97326-6-6(平裝)
1. 美學

180　　108019113

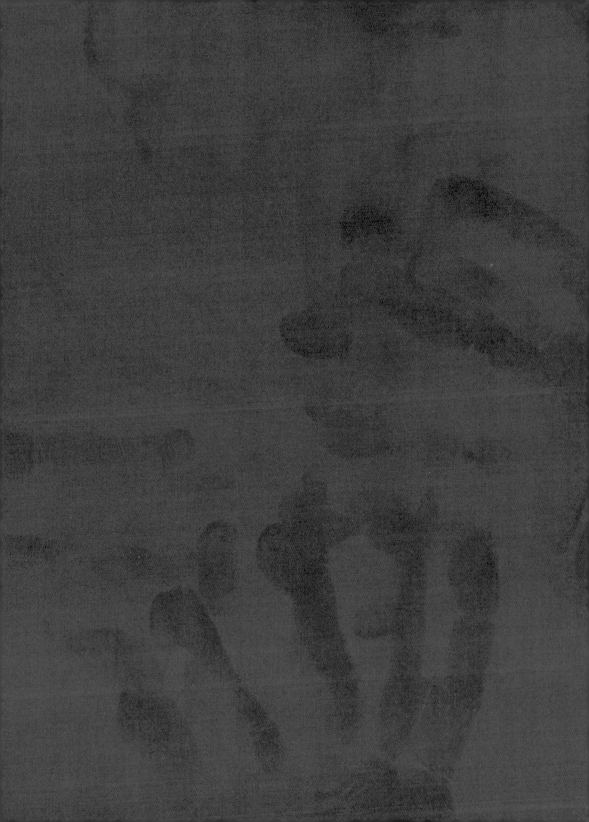